los secretos de maya

los secretos de maya

deliciosas recetas latinas para una buena salud

Maya León-Meis
Malena Perdomo, MS, RD, CDE
Martín Limas-Villers

Publicado por la
Sociedad Americana Contra El Cáncer (*American Cancer Society / Health Promotion*)
250 Williams Street NW
Atlanta, Georgia 30303-1002 USA

Impreso en los Estados Unidos de América

Fotografía: Priscilla Montoya/ArtAgent.com
Fotografía de portada: Brian Mark/ArtAgent.com
Estilización de alimentos: Elizabeth Hawkins
Diseño y composición: rondaflynnwow, inc., Atlanta, GA
Análisis nutricional: Madelyn Wheeler, MS, RD
Elaboración del índice alfabético: Bob Land
Servicios de traducción: ALTA Language Services, Inc., con la revisión de Maya León-Meis y Malena Perdomo

5 4 3 2 1   14 15 16 17 18
Catalogación de la Biblioteca del Congreso (*Library Of Congress Cataloging-in-Publication Data*)
León-Meis, Maya.
  Los Secretos de Maya: ¡Deliciosas recetas latinas para una buena salud! / Maya León-Meis, Malena Perdomo, Martín Limas-Villers.
    p.cm.
  Incluye índice alfabético.
  ISBN 978-1-60443-035-6 (encuadernación en rústica: papel alcalino) -- ISBN 1-60443-035-4 (encuadernación en rústica: papel alcalino)
  1. Cocina latina. 2. Estadounidenses hispanos--Comidas. 3. Promoción de la salud. I. Perdomo, Malena. II. Limas-Villers, Martín. III. Título.
  TX716.A1L44518 2014
  641.598–dc23

                    2013017568

SOCIEDAD AMERICANA CONTRA EL CÁNCER (*AMERICAN CANCER SOCIETY*)
Director Principal de Contenidos: Chuck Westbrook
Director de Publicación de Libros: Len Boswell
Editora Gerente de Publicación de Libros: Rebecca Teaff, MA
Editora Principal de Publicación de Libros: Jill Russell
Coordinadora de Publicación de Libros: Vanika Jordan, MSPub
Asistente Editorial de Publicación de Libros: Amy Rovere
Editor de Contenidos en Español: Rafael Delfín-Davis

Para obtener más información sobre el cáncer, póngase en contacto con la Sociedad Americana Contra El Cáncer llamando al **1-800-227-2345** o visite **cancer.org/español**.

Se ofrecen descuentos para compras de este libro en grandes volúmenes. Asimismo, es posible crear extractos del libro para satisfacer necesidades específicas.

Para obtener más información, sírvase ponerse en contacto con la Sociedad Americana Contra El Cáncer dirigiendo su solicitud a: *American Cancer Society, Health Promotion Publishing*, 250 Williams Street NW, Atlanta, Georgia 30303-1002, o envíe un mensaje de correo electrónico a **trade.sales@cancer.org**.

Acerca de la información nutricional: la información nutricional que se aporta en cada receta corresponde a una sola porción. El análisis no incluye los ingredientes opcionales ni los ingredientes que aparecen indicados sin medida (como, por ejemplo, la sal y la pimienta). En aquellos casos en los que la receta ofrece dos opciones de ingredientes para escoger uno, el análisis nutricional se hizo usando el primero de esos ingredientes.

dedicatorias

A mi mamá Yolita, quien me enseñó a cocinar.
Y a los tres hombres de mi vida: mi esposo Tom,
y mis dos hijos Josh y Chris, a quienes les gusta y aprecian mi cocina.
--Maya

A mi mamá, Esther Lewis, a quien extraño todos los días; a mi tía Irasema Lewis Epperson,
a quien adoro; a mi abuelita Olimpia Lewis, quien me enseñó a cocinar; y a mi esposo
Bill Daniels y mis dos hijos, Alexander y Max, a quienes les encanta mi comida.
--Malena

A mis padres, Heberto y Hortencia, con amor.
--Martín

índice

lista de recetas

Platos principales

Postres

introducción

La cocina latina abarca una gran variedad de platos que reciben la influencia de diferencias regionales sumamente diversas. Si bien hay cualidades y sabores característicos de cada región, la cocina latina se distingue por sus sabores intensos, por su colorida presentación y por su variedad de especias; todos estos elementos se conjugan para crear apetitosos sabores y texturas. Desde los sabores aromáticos y dulces hasta los ácidos y picantes de Centroamérica y Sudamérica, este libro de cocina tiene algo para cada persona.

Alimentarse saludablemente no significa tener que sacrificar el sabor. *Los Secretos de Maya* adapta recetas tradicionales y nuevas de la cocina latina, usando técnicas que no sólo aumentan el valor nutricional de los platos, sino que también hacen que sean más fáciles de preparar en casa. En estas páginas encontrará recetas de aperitivos, bocadillos, sopas, caldos, salsas, ensaladas, aderezos o aliños para ensaladas, licuados, acompañantes, platos principales y postres, además de una sección especial dedicada a recetas de platos para niños que les encantarán a sus hijos. Incluso hay un capítulo sobre los chiles que se utilizan con más frecuencia en la preparación de platos latinos (ver páginas 2–6).

¿Busca opciones saludables para preparar delicias tradicionales? Entonces no se pierda nuestras recetas de Pachamanca (página 111), Pozole Rápido (página 89), Frijoles Refritos de M y M (página 99) y Tamales Vegetarianos (página 133). Y esas recetas son sólo una muestra de las muchas delicias que encontrará en este libro.

Al pie de cada receta podrá ver la información nutricional. Utilice esta información para tomar decisiones sanas, bien informadas y balanceadas a lo largo del día. Todos queremos reducir nuestro riesgo de sufrir enfermedades como el cáncer, condiciones cardíacas y la diabetes. Las mejores maneras de mantener la salud y reducir el riesgo de sufrir estas enfermedades crónicas son: no fumar, controlar su peso, mantenerse activo y escoger alimentos saludables. Las "Guías de la Sociedad Americana Contra El Cáncer sobre nutrición y actividad física para la prevención del cáncer" proporcionan en la página 166 información importante sobre las decisiones que todos podemos tomar para mejorar nuestra salud en general.

Sabemos que usted anda ocupado(a) y que generalmente tiene poco tiempo para cocinar. La mayoría de las recetas de este libro pueden prepararse muy rápidamente; y hay varias que pueden prepararse con anticipación o usando una olla eléctrica de cocción lenta. Para ayudarle a decidir qué va a cocinar, cada receta incluye el tiempo que necesitará para preparar los ingredientes, así como también el tiempo total que le tomará elaborar el plato de principio a fin.

Puede que ya tenga algunos de los ingredientes de estas recetas en su despensa. Sin embargo, tener a mano los ingredientes básicos que se usan en la cocina latina puede hacer una gran diferencia. Consulte la sección "Cómo abastecer su cocina para fomentar una alimentación saludable" en las páginas 162 y 163, donde encontrará consejos que le ayudarán a planificar con tiempo para que pueda preparar rápido una exquisita comida latina.

Independiente de lo que vaya a cocinar, siempre hay maneras de reducir las calorías y aumentar los nutrientes. Eche un vistazo a la sección "El ABC para la transformación de las recetas: tres pasos para hacer comidas más saludables", en las páginas 164 y 165, donde incluimos consejos prácticos específicos para transformar casi cualquier receta e incorporar a su vida alimentos más saludables.

Estas deliciosas recetas han sido creadas y recopiladas para motivar, cautivar, animar e inspirar. Son originarias de países como Perú, México, Cuba, Panamá y Brasil; algunas tienen influencias mediterráneas procedentes de Francia, España, Italia y Grecia. Algunas son recetas nuevas, otras son atesoradas recetas familiares "secretas" que han pasado de generación en generación. Ahora son suyas.

¡Disfrútelas!

chiles
comunes

CHILE CHIPOTLE

CHILE SERRANO

CHILE POBLANO

CHILE HABANERO

CHILE JALAPEÑO

CHILE ÁRBOL

CHILE ANCHO

CHILE ANAHEIM

AJÍ AMARILLO PERUANO

acerca de los chiles

Los chiles, ya sea picantes o suaves, dulces o ahumados, son un ingrediente importante en numerosas cocinas del mundo y uno muy importante en la cocina latina. A veces los términos "chile" o "pimiento" se usan de manera intercambiable. Los picantes son llamados "chiles" y los no picantes, como los pimientos morrones son simplemente "pimientos". Vale la pena conocerlos y experimentar con ellos y así agregar sabores especiales a nuestra cocina latina.

chile habanero

El chile habanero es uno de los chiles más picantes. No se puede confundir con el resto porque tiene una forma muy particular y es mayormente de color naranja. El habanero no es alargado y parece una lamparita oriental de papel. Sin embargo, hay que tener precaución y no confundirlo con el pequeño pimiento dulce de color naranja. Mide de 1 a 2 pulgadas (3 a 5 cm) de largo y de 1 a 1.5 pulgadas (2.5 a 4 cm) de ancho. Los chiles habaneros sin madurar son verdes y cambian de color al madurar. Por lo general, son de color rojo y naranja, pero también hay variedades de otros colores. Tenga mucho cuidado y use guantes al manipularlos porque son sumamente picantes. Una pequeñita cantidad es más que suficiente. Por ejemplo, si desea darle un toque de picor a una sopa, todo lo que tiene que hacer es sumergir un chile habanero en la sopa por un par de minutos y sacarlo inmediatamente. En una escala de picor de 1 a 10, el chile habanero se clasifica en 10.

chile chipotle

El chile chipotle es el jalapeño seco y ahumado. Es de color café oscuro y de textura arrugada. En promedio es de 2½ pulgadas (6.5 cm) de largo y 1 pulgada (2.5 cm) de ancho. Es uno de los chiles secos más picantes. Aparte de venderse secos, los chiles chipotle se venden enlatados o envasados conservados en agua con sal (en escabeche) o adobados. Están entre los chiles secos de mayor uso y son considerados indispensables para la cocina mexicana. Ya que le pueden dar un sabor ahumado muy especial a las sopas, las mezclas sazonadoras y las salsas, son perfectos para la salsa de barbacoa para asar carnes, pescados y aves. En una escala de picor de 1 a 10, el chile chipotle se clasifica entre 6 y 7.

chile anaheim

El chile Anaheim, es el chile verde de picor tenue, de mayor disponibilidad en los Estados Unidos. Es un chile de 5 a 6 pulgadas (13 a 15 cm) de largo, de color verde que al madurar se pone de color naranja. Se usa frecuentemente en la cocina de Nuevo México. El chile Anaheim es algo picante, aunque a veces puede ser muy picante pero no tanto como el jalapeño. Se puede usar para preparar chiles rellenos al igual que salsas. Los chiles Anaheim rojos secos se usan para hacer ristras (adornos mexicanos para colgar). En una escala de picor de 1 a 10, los chiles Anaheim se clasifican entre 2 y 3.

chile poblano

El chile poblano es un chile fresco, grande y carnoso, de forma de cono con algunas ondulaciones. Se puede parecer al pimiento verde morrón pero más puntiagudo y de color verde más oscuro y con cáscara brillante. Por lo general no es muy picante, pero a veces puede serlo para algunas personas. Para usarlo, primero hay que asarlo encima de la estufa y así poder pelarlo con facilidad. Tiene mejor sabor cuando está cocido. El chile poblano es el ingrediente principal de los chiles rellenos. Es también un excelente acompañante para carnes y salsas, especialmente cuando se mezcla con crema agria o crema mexicana para servirlo con pollo o pescado. En una escala de picor de 1 a 10, el chile poblano se clasifica entre 3 y 4.

chile ancho

El chile ancho es el chile poblano que ha sido secado. Como su nombre lo indica, este chile es ancho. Es un chile de forma triangular y color café rojizo, con textura rugosa y brillante. En promedio es de 4 ½ pulgadas (12 cm) de largo y 2 ½ pulgadas (6.5 cm) de ancho. Debe ser flexible al tacto y nunca estar tieso. Al remojarse adquiere un color ladrillo. Es el chile más dulce de todos los chiles secos. Tiene un sabor tenue a fruta, un poquito similar al café o al palo dulce. Usualmente se usa para preparar la salsa de mole, una salsa tradicional con chocolate. En una escala de picor de 1 a 10, el chile ancho se clasifica entre 3 y 4.

chile serrano

El chile serrano es pequeño, cilíndrico y alargado, con forma similar a una bala. En promedio es de 1 ½ pulgadas (3 cm) de ancho y 2 pulgadas (5 cm) de largo. Puede cambiar de verde intermedio que al madurar se pone rojo naranja. También lo llaman chile verde. Además de fresco, se le puede encontrar envasado en vinagre con cebolla, zanahoria y hierbas (Serranos en escabeche), que es un encurtido sabroso que a menudo se agrega a las salsas cocidas. Los chiles serranos tienen un fresco sabor característico cítrico, que es excelente para salsas y guacamole. No hay necesidad de pelarlos pero pueden asarse hasta que estén ligeramente rostizados y suaves. Los chiles serranos pueden ser muy picantes, hasta cinco veces más que los jalapeños. En una escala de picor de 1 a 10, el chile serrano se clasifica entre 7 y 8.

chile de árbol

El chile de árbol es largo y delgado. Es de color verde y se vuelve rojo naranja brillante al madurar. Es muy picante y su sabor se asemeja al del chile serrano. En promedio es de 2.5 pulgadas (6.5 cm) de largo y ½ pulgada (1 cm) de ancho. Es mayormente usado para preparar salsas picantes como aliño o también se asan hasta que estén tostaditas, o se trituran y se usan como condimento en polvo para servir frutas o vegetales tales como sandía, pepinillos o jícama. Asimismo se usa en algunas comidas asiáticas. Si la receta requiere chile de árbol pero no especifica si usarlo fresco o seco, se debe utilizar el seco. Estos son los chiles que se ven en las coronas de Navidad de Nuevo México. En una escala de picor de 1 a 10, el chile árbol clasifica entre 7 y 8.

chile jalapeño

El chile jalapeño es un tipo de chile fresco, de color verde oscuro, de forma de cono alargado. En promedio es de unas 2½ pulgadas (6.5 cm) de largo y 1¼ de pulgada (3 cm) de ancho. Es el chile fresco más común y reconocido en los Estados Unidos. Al madurar se pone de color rojo intenso. Los jalapeños son picantes y para bajarles la intensidad del picor se recomienda quitarles las venas y las semillas con mucho cuidado; y luego lavarlos bien. Se recomienda usar guantes para hacerlo. El jalapeño se usa en salsas como el Pico de Gallo Clásico(página 30). Los jalapeños secos y ahumados se les conoce como chile chipotle. En una escala de picor de 1 a 10, el jalapeño se clasifica entre 5 y 6 si no se le quitan las venas.

ají amarillo peruano

El ají amarillo es el rey de los ajíes en el Perú. Se parece al chile Anaheim en forma, pero es de color amarillo ligeramente naranja. Es algo dulce como el pimiento morrón amarillo, pero de sabor picante. Si se retiran las venas y las semillas, el picor es tolerante y le da un sabor muy especial a los platos tradicionales tanto en el momento de prepararlos como de aliño al servirlos. Este ají tradicional del Perú se puede encontrar en mercados latinos como un producto envasado en frascos. En una escala de picor de 1 a 10, el ají amarillo se clasifica entre 5 y 6 si no se quitan las venas y las semillas.

cómo asar chiles

Asar los chiles frescos los suaviza, hace que sea más fácil quitarles la cáscara externa y les da un delicioso sabor ahumado. Asegúrese de no quemarlos por completo, porque entonces se volverán amargos y será más difícil trabajar con ellos. Los chiles pueden asarse directamente sobre una llama, como la de una parrilla o una estufa de gas, o también pueden asarse en un comal o una sartén. Un comal es una plancha de metal que se usa mucho en México para este fin. Asegúrese de usar guantes cuando manipule los chiles. Los chiles asados pueden usarse de muchas maneras, como por ejemplo en la preparación de tamales vegetarianos (página 133), tallarines con salsa de chile poblano (página 118) y chiles rellenos de camarones con espinaca (página 114).

1 Coloque los chiles en una sartén o una plancha de metal (comal) sobre una parrilla a fuego medio o sobre una hornilla a gas. Ase los chiles por 10 a 15 minutos, dándoles la vuelta para que se asen por todos lados, hasta que la cáscara se dore y se cubra de ampollitas.

2 Inmediatamente coloque los chiles en una bolsa de plástico o de papel y ciérrela por unos 10 minutos para crear vapor para que la piel se desprenda. Saque los chiles de la bolsa y quíteles la cáscara. Use un paño húmedo para retirar el resto de cáscara que pueda haberse quedado adherida. No lave los chiles.

3 Con un cuchillo abra los chiles por un lado y retíreles las semillas con cuidado para evitar que se rompan. Si va a rellenarlos, déjeles el tallo. Si va a usar tiras de chile asado, retire los tallos, las semillas y las membranas.

4 Coloque los chiles con cuidado sobre toallas de papel y deje que se sequen hasta que vaya a usarlos. Si va a rellenarlos, exprímales jugo de limón en el interior cuando vaya a usarlos.

notas

salsas
latinas básicas

acerca de los sofritos

El sofrito, como lo llaman en la mayoría de los países de habla hispana, o el "aderezo", como lo llaman en Perú, es una base de condimentos cocidos que se utiliza en la elaboración de una serie de platos latinos. Le da un sabor distintivo a guisos, sopas, pastas, salsas y otros platos. No hay dos recetas iguales para el sofrito: cada cocinero o cocinera tiene su propia combinación preferida. Estas son nuestras recetas favoritas para hacer el sofrito.

Por lo general el sofrito se prepara y se usa inmediatamente. Sin embargo, preparar el sofrito con anticipación en los días que se tiene tiempo, ayudará a cocinar en los días que esté con prisa. Así será más fácil, rápido y práctico cocinar en casa durante la semana, sin tener que picar los ingredientes y preparar el sofrito cada vez que cocine. Una vez que tenga picados los ingredientes, se pueden guardar en el refrigerador por tres a cinco días en un contenedor de vidrio, hasta el momento de usarse.

sofrito de maya

El sofrito es muy bueno para darle un sabor exquisito a cualquier cosa. Con él, ¡hasta un pedazo de cartón lo haría delicioso! Naturalmente estoy bromeando, aunque sí es verdad que el sofrito añade sabor a cualquier plato que se prepare.

Aceite de oliva: 2 cucharadas
Cebolla roja o amarilla finamente picada: 1
Ajo triturado: 1 diente
Comino molido: ¼ de cucharadita
Sal: ¼ de cucharadita
Pimienta negra molida: ¼ de cucharadita

Sofría la cebolla en el aceite hasta que esté transparente. Agregue el resto de los ingredientes y sofría hasta que la cebolla quede dorada.

sofrito de malena

Me gusta preparar todos los ingredientes y guardar la mezcla para sofreírla cuando vaya a usarla. Si desea, puede usar un procesador de alimentos para picar los vegetales, siempre y cuando tenga mucho cuidado de no triturarlos demasiado y que no queden licuados. Yo uso el sofrito para preparar platos con arroz y para marinar pescado, pollo y carne.

Aceite de oliva: 1 cucharada
Cebolla finamente picada: ½
Hojas de cilantro picadas: 1 taza
Apio picado: 1 tallo grande
Pimiento morrón verde sin tallo y sin semillas, picado en trozos grandes: 1

Sofría la cebolla en el aceite hasta que esté transparente. Agregue el resto de los ingredientes y sofría hasta que se doren bien.

sofrito de martín

Me gusta usar el sofrito cuando hago cualquier tipo de guiso o sopa, toda clase de platos de carne e incluso frijoles.

Aceite de oliva: 2 cucharadas
Cebolla finamente picada: ½
Ajo finamente picado: 2 dientes
Jalapeño sin semillas, sin venas y cortado en cuadraditos: 1
Sal y pimienta negra molida

Sofría la cebolla en el aceite hasta que esté transparente. Agregue el resto de los ingredientes y sofría hasta que estén bien dorados.

salsa verde mexicana

Jalapeños sin tallo, 2 ó 3, o al gusto

Tomatillos sin cáscara y lavados, 6
(aproximadamente 1 libra)

Ajo, 1 diente

Sal, ½ cucharadita

Esta es una de las salsas más tradicionales en México y es muy utilizada en los Estados Unidos en muchos platos mexicanos. Se utiliza como condimento para tacos, burritos, enchiladas, mariscos, carnes e incluso como salsa para untar. Esta receta es muy saludable, ya que todos sus ingredientes son vegetales frescos. Los tomatillos se consiguen en la sección de frutas y verduras de la mayoría de los supermercados generales y de las tiendas que venden productos hispanos. Se parecen a los tomates verdes y tienen una cáscara delgada como papel pergamino. Retire la cáscara antes de cocerlos. —Malena

Tiempo de preparación: 5 minutos | Tiempo total: 20 minutos | Rinde aproximadamente 3 tazas

1 Coloque los jalapeños y tomatillos en una olla con suficiente agua para cubrirlos. A fuego alto, deje hervir por 2 minutos. Baje el fuego a medio, tape la olla y cocine por 5 a 10 minutos.

2 Cuando los tomatillos hayan cambiado de color verde a amarillo, saque los tomatillos y los jalapeños de la olla.

3 Transfiéralos a una licuadora o un procesador de alimentos. Agregue el ajo y la sal; y licúe por 1 minuto. Use la salsa inmediatamente o guárdela en el refrigerador. Esta salsa puede servirse caliente o fría.

Información por porción
(aproximadamente ¼ de taza)
Calorías, 15
Grasa total, 0.4 g
  Grasas saturadas, 0.1 g
  Grasas trans, 0.0 g
  Grasa poliinsaturada, 0.2 g
  Grasa monoinsaturada 0.1 g
Carbohidratos total, 3 g
  Fibra dietética, 1 g
  Azúcar, 2 g
Proteínas, 1 g
Sodio, 98 mg

salsa mexicana

Esta salsa de tomate es excelente para acompañar chips de tortilla hechos en casa o como condimento para pescado, pollo y carnes a la parrilla. ¡Realmente vale la pena tener salsa fresca en casa! Esta receta puede variarse usando tomatillos asados en lugar de tomates Roma. Si va a usar tomatillos, quíteles la cáscara y lávelos para que no estén pegajosos antes de asarlos. El resto de la receta es igual. También puede agregar a la licuadora chiles serranos o jalapeños crudos o asados cuando esté haciendo la salsa. ¡Experimente con diferentes chiles y cree sus propias variedades de esta salsa! —Martín

Tomates Roma, de 4 a 5 (aproximadamente 1 libra)

Ajo sin pelar, 2 dientes

Jalapeños, de 1 a 3, o 1 chile serrano, sin tallo, sin semillas y sin venas

Cebolla amarilla, ½ mediana

Agua, ½ taza

Aceite de canola, 1 cucharada

Sal, ½ cucharadita

Tiempo de preparación: 20 minutos | **Tiempo total:** 40 minutos | **Rinde aproximadamente 2½ tazas**

1. Coloque los tomates y los ajos en una sartén o un comal sobre fuego medio. Ase los tomates y ajos, dándoles la vuelta para que se cocinen por todos lados. Retire los ajos después de 2 minutos o cuando estén dorados; y pélelos. Todavía deben estar firmes.

2. Siga asando los tomates de 8 a 10 minutos más o hasta que la cáscara esté lisa y se haya oscurecido. Retire los tomates del fuego y pélelos.

3. En una licuadora o un procesador de alimentos, haga un puré con los tomates, los ajos, los chiles jalapeños y la cebolla con ½ taza de agua.

4. Caliente el aceite en una sartén y agregue la mezcla hecha puré. Deje hervir, baje el fuego y cocine a fuego lento por 5 a 10 minutos. Agregue la sal, mezcle bien y retire del fuego. Pruebe la salsa; y si es necesario, rectifique la sazón. Sirva esta salsa caliente o a temperatura ambiente.

Asar los tomates requiere tiempo, pero el exquisito sabor ahumado que adquieren es incomparable. Use una sartén o un comal (plancha de hierro comúnmente usada en México). La cáscara del tomate se cubrirá de ampollitas y se quemará ligeramente en algunas áreas.

**Información por porción
(aproximadamente ¼ de taza)**
Calorías, 25
Grasa total, 1.5 g
    Grasas saturadas, 0.1 g
    Grasas trans, 0.0 g
    Grasa poliinsaturada, 0.4 g
    Grasa monoinsaturada 0.9 g
Carbohidratos total, 3 g
    Fibra dietética, 1 g
    Azúcar, 2 g
Proteínas, 1 g
Sodio, 120 mg

salsa criolla peruana

Cebolla roja cortada en juliana (tiras delgaditas), 1

Sal, 1 cucharadita

Hojas de cilantro picadas, 2 cucharadas

Vinagre rojo, 1 cucharada

Jugo de 1 limón

Aceite de oliva extra virgen, 1 cucharada

Pimienta de Cayena o ají amarillo, al gusto

Recuerdo que cuando yo era niña, en la mesa de mi casa siempre se servía esta salsa tradicional de cebollas encurtidas. La usábamos como condimento para darle un sabor especial a platos como el arroz con pollo, las papas al horno o sancochadas, las butifarras (sándwiches peruanos de carne de puerco) y hasta los frijoles. Esta receta la aprendí de mi mamá, quien tenía una singular pasión por la cocina. —Maya

Tiempo de preparación: 10 minutos | Tiempo total: 30 minutos
Rinde aproximadamente 1¼ taza

1 Coloque la cebolla cortada en juliana (en tiras delgaditas) en un colador de malla fina y agregue la sal. Revuelva para que la sal cubra la cebolla; y deje reposar de 5 a 10 minutos.

2 Enjuague la cebolla con agua fría y escúrrala bien.

3 Transfiera la cebolla a un recipiente de vidrio y agregue el resto de los ingredientes.

4 Mezcle bien y deje que se marine de 10 a 15 minutos antes de servir. Sirva inmediatamente.

Información por porción (aproximadamente ¼ de taza)
Calorías, 38
Grasa total, 2.7 g
  Grasas saturadas, 0.4 g
  Grasas trans, 0.0 g
  Grasa poliinsaturada, 0.3 g
  Grasa monoinsaturada 2.0 g
Carbohidratos total, 3 g
  Fibra dietética, 1 g
  Azúcar, 1 g
Proteínas, 0 g
Sodio, 30 mg

salsa peruana de ají amarillo "de mentirita"

La salsa tradicional de ají amarillo es un ingrediente básico para preparar varios platos peruanos. Esta salsa hecha con ají amarillo le da a los platos un toque picante y un sabor único. El ají amarillo "de verdad" es difícil de encontrar en los Estados Unidos y por eso creé esta versión que no lleva este ají pero que es muy similar a la original. —Maya

Tiempo de preparación: 10 minutos | Tiempo total: 15 minutos
Rinde aproximadamente ½ taza

Aceite de canola, 3 cucharadas

Pimiento morrón amarillo sin tallo y sin semillas, cortado en trozos grandes, 1 grande

Cebolla blanca cortada en trozos grandes, ½

Ajo, 1 diente

Sal kosher, ½ cucharadita, o al gusto

Vinagre de sidra de manzana, 1 cucharadita

Mostaza amarilla, 1 cucharada

Azúcar, 1 cucharadita

Pimienta de Cayena, ¼ de cucharadita, o al gusto

1 Caliente el aceite de canola en una sartén gruesa. Ase el pimiento morrón amarillo y la cebolla a fuego medio-alto por 2 a 3 minutos o hasta que estén dorados, revolviendo constantemente. Agregue el ajo y la sal; y continúe asándolos aproximadamente un minuto más.

2 Vierta la mezcla en una licuadora y licúela bien.

3 Añada el vinagre de sidra de manzana, la mostaza y el azúcar; y mezcle bien. Pruebe la mezcla y agregue la pimienta de Cayena, a su gusto.

4 Sirva inmediatamente o guarde la salsa en un recipiente de vidrio que tenga una tapa de plástico para conservarla en el refrigerador de cinco a siete días.

Esta salsa también puede usarse para condimentar papas al horno o sancochadas; pescado, pollo o carne asada; brochetas de carne; mazorcas de maíz; butifarras (sándwiches peruanos) y diversos aperitivos.

Información por porción (aproximadamente 1 cucharada)
Calorías, 48
Grasa total, 4.3 g
    Grasas saturadas, 0.3 g
    Grasas trans, 0.0 g
    Grasa poliinsaturada, 1.2 g
    Grasa monoinsaturada 2.7 g
Carbohidratos total, 3 g
    Fibra dietética, 0 g
    Azúcar, 1 g
Proteínas, 0 g
Sodio, 114 mg

salsa de tomate casera

Tomates maduros, 8 (aproximadamente 2 libras)

Cebolla roja cortada en cuartos, 1 mediana

Ajo, 3 dientes

Pimiento morrón rojo sin tallo y sin semillas, cortado en trozos grandes, 1

Azúcar morena, 1 cucharada

Salsa de soya, baja en sodio, 2 cucharadas

Hojas de laurel, 2

Orégano seco, 1 cucharadita

Vino tinto, ¼ de taza

Esta salsa de tomate es muy versátil y puede usarse de muchas maneras distintas, entre ellas algunas recetas que encontrará en este libro. Para hacer unos espaguetis con salsa marinara, agregue hierbas aromáticas italianas al gusto. En cambio, para preparar un plato de pollo, use especias para aves. Puede agregar champiñones o más pimientos, o bien, aumentar la cantidad de ajo a su gusto. Esta salsa puede guardarse en el refrigerador hasta por tres semanas. También puede congelarse en porciones pequeñas para descongelarse cuando se necesite. —Malena

Tiempo de preparación: 20 minutos | Tiempo total: 1 hora | Rinde aproximadamente 6 tazas

1 Con un cuchillo afilado, haga un corte superficial en forma de cruz en la parte superior de cada tomate para que sea fácil pelarlos.

2 Llene con agua una olla con capacidad para 4 cuartos (un litro) y hágala hervir. Sumerja los tomates en el agua hirviendo sólo por 1 minuto. Sáquelos, deje que se enfríen un poco y luego péleles la cáscara.

3 Coloque los tomates, la cebolla, el ajo y el pimiento rojo en una licuadora o un procesador de alimentos y licúelos para obtener una mezcla suave y uniforme.

4 Vierta la mezcla de vegetales en una olla y cocine a fuego alto. Agregue el azúcar morena, la salsa de soya, las hojas de laurel y el orégano; y déjela hervir de 8 a 10 minutos. Luego reduzca el fuego, añada el vino tinto y cocine a fuego lento por un mínimo de 30 minutos y un máximo de 2 horas, revolviendo de vez en cuando.

5 Retire las hojas de laurel. Use la salsa inmediatamente o guárdela en el refrigerador o congelador.

Información por porción (aproximadamente ½ de taza)
Calorías, 37
Grasa total, 0.2 g
   Grasas saturadas, 0.0 g
   Grasas trans, 0.0 g
   Grasa poliinsaturada, 0.0 g
   Grasa monoinsaturada 0.0 g
Carbohidratos total, 6 g
   Fibra dietética, 1 g
   Azúcar, 4 g
Proteínas, 1 g
Sodio, 101 mg

salsa blanca (salsa bechamel)

Esta clásica salsa francesa ahora es parte de una variedad de platos latinos. Debe usarse inmediatamente después de prepararla. También puede agregarle ajos, queso rallado, albahaca picada, perejil picado o espinaca. Use esta salsa para preparar los rollos de pescado con cangrejo (página 110), lasaña vegetariana (página 129) o arroz tapado al estilo peruano (página 125). —Maya

Mantequilla sin sal, 2 cucharadas

Harina tamizada (cernida), 2 cucharadas

Leche tibia (descremada al 2%), 1 taza

Sal, ½ cucharadita

Nuez moscada recién rallada, ⅛ de cucharadita

Pimienta blanca molida, ¼ de cucharadita

Tiempo de preparación: 5 minutos | **Tiempo total:** 20 minutos | **Rinde aproximadamente 1 taza**

1 Derrita la mantequilla en una olla pequeña a fuego medio, cuidando que no se queme. Agregue la harina lentamente y use una cuchara de madera para revolver constantemente por 2 minutos aproximadamente, hasta que la mezcla tenga una consistencia uniforme y de un color ligeramente dorado.

2 Agregue poco a poco la leche tibia a la mezcla. Mueva constantemente para evitar que se formen grumos hasta que la mezcla esté completamente suave y uniforme.

3 Cuando comience a hervir, baje la temperatura y cocine a fuego lento de 3 a 5 minutos, moviendo constantemente.

4 Sazone con sal, nuez moscada y pimienta blanca. Mezcle bien y cuando esté completamente cocida, retírela del fuego. Déjela reposar hasta que vaya a usarla. Para evitar que se forme una nata en la parte superior, tape la salsa hasta que se enfríe un poco, luego cúbrala con una hoja de plástico (o una bolsita de plástico para sándwiches) y presiónela directamente sobre la salsa blanca.

5 Revuélvala bien antes de usarla. Si la salsa se ha vuelto demasiado espesa, agregue un poco de leche tibia y mezcle bien.

Información por porción (aproximadamente ¼ de taza)
Calorías, 97
Grasa total, 7.0 g
    Grasas saturadas, 4.4 g
    Grasas trans, 0.2 g
    Grasa poliinsaturada, 0.3 g
    Grasa monoinsaturada 2.1 g
Carbohidratos total, 6 g
    Fibra dietética, 0 g
    Azúcar, 3 g
Proteínas, 3 g
Sodio, 370 mg

aperitivos y bocadillos

ceviche peruano

Pescado blanco firme (por ejemplo tilapia, bagre, corvina o pargo), 1 libra

Cebolla roja cortada en juliana, 1

Sal, 1 cucharada más ½ cucharadita aparte

Ají amarillo peruano sin tallo, sin semillas y sin venas, finamente picado, ½ o 1, o una pizca de pimienta de Cayena

Jugo de 6 a 8 limones, (aproximadamente 1½ taza)

Pimienta negra molida, ¼ de cucharadita o al gusto

Hojas de cilantro picadas, 2 cucharadas

Ajo triturado, 1 cucharadita

Este plato peruano tradicional es refrescante y delicioso. El ceviche se hace marinando el pescado y los mariscos en una mezcla cítrica, normalmente a base de jugo de limón. El ácido cítrico modifica la estructura de las proteínas del pescado y los mariscos, y los "cocina" sin tener que usar calor. Una vez que se cocine, el pescado dejará de verse transparente como cuando está crudo y adquirirá un color blanco. Es importante que utilice jugo de limón recién exprimido. Para preparar esta receta puede usar tilapia, bagre, corvina o pargo. También puede añadir mariscos, por ejemplo camarones, escalopes (o callos de hacha o conchas de vieiras) o pulpo cortado en cuadrados. Si usa mariscos, antes cocínelos un poco bañándolos con agua hirviendo en un colador. Para suavizar un poco la cebolla roja, rocíela con sal.

Normalmente en los mercados que venden productos hispanos podrá encontrar ají amarillo peruano envasado en frascos. Si no lo consigue, sustitúyalo por una pizca de pimienta de Cayena. Sirva el ceviche sobre hojas de lechuga y acompáñelo con camote o batata sancochado y cortado en rebanadas.
—Maya

Tiempo de preparación: 30 minutos | **Tiempo total:** 3 horas | **4 Porciones**

1 Lave el pescado y córtelo en cuadrados pequeños. Coloque el pescado en un recipiente de vidrio.

2 Coloque la cebolla roja cortada en juliana (en tiras muy delgadas) en un colador de malla fina. Agregue 1 cucharada de sal y revuelva para cubrir la cebolla con la sal. Déjela reposar durante 5 minutos. Lave bien la cebolla con agua del grifo y resérvela.

3 Licúe el ají hasta hacerlo puré o use la salsa de ají "de mentirita" de la página 15. En un tazón, combine el ají licuado, el jugo de limón, la sal, la pimienta negra, el cilantro y el ajo. Pruébelo y reajuste el sabor a su gusto.

4 Vierta la mezcla sobre el pescado, asegurándose de cubrirlo completamente. Revuelva bien para que el pescado quede cubierto y se pueda encurtir bien. Notará que está bien encurtido cuando cambie de color de casi transparente a blanco opaco.

5 Distribuya la cebolla por encima del pescado. Deje el pescado marinando en el refrigerador por lo menos 2 a 3 horas. Mezcle bien antes de servir. Acompáñelo con camote cocido.

Información por porción
Calorías, 192
Grasa total, 8.0 g
   Grasas saturadas, 1.9 g
   Grasas trans, 0.0 g
   Grasa poliinsaturada, 1.5 g
   Grasa monoinsaturada 4.3 g
Carbohidratos total, 10 g
   Fibra dietética, 1 g
   Azúcar, 3 g
Proteínas, 20 g
Sodio, 406 mg

ceviche de playa

Esta receta se llama "ceviche de playa" porque en Lima, Perú, se prepara al momento, con frecuencia en la playa o en el campo. En casa es muy fácil y rápido de preparar; y es riquísimo y muy saludable. —Maya

Tiempo de preparación: 15 minutos | **Tiempo total:** 15 minutos | **4 Porciones**

1 Coloque el atún en un recipiente de vidrio y agregue el jugo de limón, la sal, la pimienta negra y la pimienta de Cayena.

2 Agregue la cebolla y revuelva para mezclarlo todo. Pruebe y si es necesario, agregue más jugo de limón, sal o pimienta.

3 Agregue los tomates y revuelva ligeramente para mezclarlos con el resto de los ingredientes.

4 Rellene una hoja de lechuga con la mezcla de atún para comer el ceviche como si fuera un taco, o sencillamente sirva el ceviche sobre una hoja de lechuga para presentarlo como ensalada.

Atún bajo en grasa, en trozos, conservado en agua, escurrido, 1 lata (12 onzas)

Jugo de 3 ó 4 limones

Sal, 1 pizca

Pimienta negra molida, ¼ de cucharadita o al gusto

Pimienta de Cayena (opcional), 1 pizca

Cebolla roja cortada en juliana, ½

Tomates picados en cuadraditos, 2

Lechuga romana, 4 hojas

Información por porción
Calorías, 96
Grasa total, 0.9 g
    Grasas saturadas, 0.2 g
    Grasas trans, 0.0 g
    Grasa poliinsaturada, 0.4 g
    Grasa monoinsaturada 0.2 g
Carbohidratos total, 8 g
    Fibra dietética, 2 g
    Azúcar, 3 g
Proteínas, 16 g
Sodio, 256 mg

ceviche panameño

Para hacer una receta como el ceviche, que tiene un contenido elevado de ácido, es importante usar un recipiente no reactivo. El aluminio, el hierro fundido y el cobre son materiales "reactivos" y pueden transmitir un sabor metálico a la comida. Los recipientes de vidrio, cerámica, acero inoxidable y los recipientes de metal esmaltado son "no reactivos". Los materiales no reactivos no afectan los sabores del plato.

Sírvalo con galletas integrales o chips de tortilla hechos en casa. Este ceviche siempre tiene mucho éxito en mis reuniones. —Malena

Mero sin piel, 1 libra

Sofrito de Malena (página 11), 2 cucharadas

Cebolla roja o amarilla cortada en juliana, ½ mediana

Apio finamente picado, ½ tallo (aproximadamente 2 cucharadas)

Hojas de cilantro picadas, 1 cucharada

Jugo de 6 a 8 limones (aproximadamente 1½ taza)

Sal, ½ cucharadita

Salsa picante (opcional), ½ cucharadita o ½ chile serrano sin semillas ni venas, finamente picado

---

Tiempo de preparación: 30 minutos | **Tiempo total:** 3 horas o de un día para otro (incluyendo la refrigeración) | **4 Porciones**

---

1 Lave el pescado y córtelo en cuadrados. Retire las espinas.

2 En un recipiente de vidrio con tapa, combine el pescado, el sofrito, la cebolla, el apio, el cilantro, el jugo de limón, la sal y la salsa picante. Asegúrese de que el jugo de limón cubra por completo el pescado; de ser necesario, agregue más jugo.

3 Refrigere por lo menos de 2 a 3 horas. El ceviche queda mejor cuando se prepara la noche anterior, aunque puede comerse en cuanto el pescado cambie de aspecto y adquiera un color blanco. Pruebe el ceviche antes de servirlo; y de ser necesario, agregue más sal.

Información por porción
Calorías, 152
Grasa total, 3.1 g
    Grasas saturadas, 0.4 g
    Grasas trans, 0.0 g
    Grasa poliinsaturada, 0.9 g
    Grasa monoinsaturada 1.0 g
Carbohidratos total, 8 g
    Fibra dietética, 1 g
    Azúcar, 2 g
Proteínas, 24 g
Sodio, 371 mg

ceviche de champiñones y aguacate

Agua, 4 tazas

Sal

Limones en cantidades divididas, 3

Champiñones en rebanadas, 1 libra

Hojas de cilantro picadas, ¼ de taza

Cebolla roja picada, ¼

Pepino pelado, sin semillas y picado, ½

Tomates sin semillas, picados, 3

Aguacates pelados, sin semilla y cortados en cuadrados, 2

Chiles serranos sin tallo, sin semillas y sin venas, picados, 2

Orégano seco, ¼ de cucharadita

Este aperitivo es delicioso servido con galletas saladas de trigo integral o cualquier otra galleta salada de su preferencia. —Martín

Tiempo de preparación: 20 minutos | **Tiempo total:** 25 minutos | **8 Porciones**

1 En una sartén mediana, combine 4 tazas de agua con una pizca de sal y el jugo de medio limón y deje hervir. Agregue los champiñones y cocínelos por 1 minuto. Retire la sartén del fuego, saque los champiñones y resérvelos.

2 En un recipiente de vidrio, combine los champiñones, el cilantro, la cebolla, el pepino, los tomates, los aguacates y los chiles.

3 Agregue el resto del jugo de los limones y el orégano; y mezcle bien. De ser necesario, agregue sal. Refrigere hasta el momento de servir.

Información por porción
Calorías, 89
Grasa total, 5.9 g
    Grasas saturadas, 0.8 g
    Grasas trans, 0.0 g
    Grasa poliinsaturada, 0.8 g
    Grasa monoinsaturada 3.7 g
Carbohidratos total, 9 g
    Fibra dietética, 4 g
    Azúcar, 3 g
Proteínas, 3 g
Sodio, 12 mg

crema de atún para untar

Sirva esta crema como aperitivo o bocadillo acompañada de galletas saladas de trigo integral o vegetales de su preferencia. Esta receta es de Carmita, una muy buena amiga cubana que me ha enseñado no sólo recetas deliciosas, sino también lecciones de vida muy sabias. Por eso le digo que es mi "mamá cubana". —Maya

Atún bajo en grasa, conservado en agua, escurrido, 1 lata (12 onzas)

Mayonesa baja en grasa, 3 cucharadas

Mostaza, 1 cucharada

Pimienta negra molida, al gusto

Tiempo de preparación: 5 minutos | **Tiempo total:** 5 minutos | **Rinde aproximadamente 1 taza**

1 Mezcle todos los ingredientes en un procesador de alimentos hasta obtener una crema completamente suave y uniforme.

Información por porción (aproximadamente ¼ de taza)
Calorías, 99
Grasa total, 4.1 g
    Grasas saturadas, 0.7 g
    Grasas trans, 0.0 g
    Grasa poliinsaturada, 2.1 g
    Grasa monoinsaturada 1.0 g
Carbohidratos total, 1 g
    Fibra dietética, 0 g
    Azúcar, 1 g
Proteínas, 15 g
Sodio, 348 mg

hummus

Garbanzos, escurridos, 1 lata (15 onzas)

Yogur natural bajo en calorías, ½ taza

Tahini, 1 cucharada

Ajo, 1 diente

Jugo de limón recién exprimido, 1 cucharada

Aceite de oliva extra virgen, 2 cucharadas

Pimentón o paprika, 1 cucharadita

Orégano seco, 1 pizca

Sal, ½ cucharadita o al gusto

Sirva el hummus con pan pita de trigo integral tostado y cortado en triángulo, o también se puede comer con zanahorias, pepino, apio, jícama y otros vegetales frescos. El tahini es una crema de semillas de ajonjolí. Se consigue envasado en la mayoría de los supermercados. Este plato es perfecto como aperitivo o como bocadillo a media tarde. —Malena

Tiempo de preparación: 10 minutos | **Tiempo total:** 10 minutos
Rinde aproximadamente 2 tazas

1 Combine todos los ingredientes en un procesador de alimentos y mezcle por 2 minutos hasta obtener una consistencia uniforme. Agregue sal al gusto.

Información por porción (aproximadamente ⅓ de taza)
Calorías, 138
Grasa total, 7.3 g
 Grasas saturadas, 1.1 g
 Grasas trans, 0.0 g
 Grasa poliinsaturada, 1.6 g
 Grasa monoinsaturada 4.1 g
Carbohidratos total, 14 g
 Fibra dietética, 4 g
 Azúcar, 4 g
Proteínas, 5 g
Sodio, 283 mg

guacamole

Este guacamole es delicioso servido con tostaditas de pan o chips de tortilla caseros o bien, con vegetales frescos. Vea las instrucciones para hacer chips de tortilla horneadas que vienen incluidas en la receta del pico de gallo clásico en la página 30. Si no tiene chiles serranos, puede sustituirlos con un jalapeño o unas gotas de salsa picante. Si prefiere que no sea picante, omita los chiles.
—Martín

Ajo, 1 diente

Aguacates maduros, 2

Cebolla finamente picada, ¼ de taza

Hojas de cilantro picadas, ¼ de taza

Tomate picado, 1 grande

Chiles serranos o jalapeños sin tallo, sin semillas y sin venas, finamente picados (opcionales), 1 ó 2

Jugo de 1 limón

Sal, ½ cucharadita o al gusto

Tiempo de preparación: 10 ó 15 minutos | **Tiempo total:** 10 ó 15 minutos
Rinde aproximadamente 2 tazas

1 Frote con el diente de ajo el interior del recipiente en el que va a mezclar el guacamole. Deseche el ajo.

2 Corte los aguacates en mitades, retire las semillas y saque la pulpa para echarla en el recipiente. Agregue la cebolla y mezcle hasta que tenga la consistencia de una pasta.

3 Agregue el cilantro, el tomate, los chiles serranos y el jugo de limón. Revuelva y sazone con sal.

Información por porción (aproximadamente ¼ de taza)
Calorías, 68
Grasa total, 5.6 g
    Grasas saturadas, 0.8 g
    Grasas trans, 0.0 g
    Grasa poliinsaturada, 0.7 g
    Grasa monoinsaturada 3.7 g
Carbohidratos total, 5 g
    Fibra dietética, 3 g
    Azúcar, 1 g
Proteínas, 1 g
Sodio, 150 mg

tomates rellenos

Atún bajo en grasa, en trozos, conservado en agua, escurrido, 1 lata (12 onzas)

Cebolla roja finamente picada, ½ taza

Aguacate pelado, sin semilla y cortado en cuadrados, 1

Jugo de 1 ó 2 limones

Sal y pimienta negra molida, al gusto

Tomates grandes, maduros pero firmes, 6

Mi mamita siempre preparaba este plato los domingos y a nuestra familia le encantaba porque le daba un toque festivo a nuestra cena. —Maya

Tiempo de preparación: 20 minutos | **Tiempo total:** 20 minutos | **6 Porciones**

1 En un recipiente de vidrio, combine el atún, la cebolla, el aguacate y el jugo de un limón. Pruebe y agregue sal, pimienta o más jugo de limón, si así lo desea. Resérvelo.

2 Lave los tomates y corte la parte superior de cada uno de forma que quede como una tapa pequeña. Saque con cuidado la pulpa y las semillas de los tomates usando un cuchillo de pelar y una cuchara.

3 Rellene los tomates con la mezcla de atún y coloque encima la tapa que les había recortado.

Información por porción
Calorías, 120
Grasa total, 4.4 g
   Grasas saturadas, 0.7 g
   Grasas trans, 0.0 g
   Grasa poliinsaturada, 0.8 g
   Grasa monoinsaturada 2.6 g
Carbohidratos total, 11 g
   Fibra dietética, 4 g
   Azúcar, 5 g
Proteínas, 12 g
Sodio, 174 mg

pico de gallo clásico

Tomates sin semillas, picados, 4

Cebolla finamente picada, 1

Hojas de cilantro finamente picadas,
½ taza

Chiles serranos o jalapeños sin tallo,
sin semillas y sin venas, finamente
picados, 2 ó 3

Jugo de limón recién exprimido, ¼ de
taza

Aceite de oliva, 1 cucharada

Sal y pimienta negra molida, al gusto

Para hacer sus propios chips de tortilla en casa, corte las tortillas de maíz en triángulos y colóquelos en una bandeja para hornear. Rocíelos ligeramente con un rociador de aceite y hornéelos durante 5 minutos a 400 °F. También puede usar un horno tostador.

Los chiles serranos o jalapeños le dan a esta salsa un toque agradable, aunque son opcionales. —Martín

Tiempo de preparación: 15 minutos | **Tiempo total:** 15 minutos | **Rinde aproximadamente 3 tazas**

1 En un recipiente de vidrio, mezcle los tomates, la cebolla, el cilantro, los chiles, el jugo de limón y el aceite de oliva. Sazone con sal y pimienta al gusto. Sirva inmediatamente.

Información por porción
Calorías, 48
Grasa total, 2.5 g
    Grasas saturadas, 0.3 g
    Grasas trans, 0.0 g
    Grasa poliinsaturada, 0.3 g
    Grasa monoinsaturada 1.7 g
Carbohidratos total, 7 g
    Fibra dietética, 2 g
    Azúcar, 4 g
Proteínas, 1 g
Sodio, 8 mg

empanadas de carne

En mi opinión, la masa para empanadas más rica y sana es la de mi tía Irasema. Hemos incluido su receta en la página 35. También puede hacer esta receta con pechuga de pavo molida para que tenga aún menos grasa.
—Malena

Tiempo de preparación: 25 minutos | **Tiempo total:** 1 hora y 15 minutos
12 Porciones (una empanada por porción)

---

1 Precaliente el horno a 375 °F.

2 Caliente el aceite en una sartén sobre fuego medio y sofría la cebolla y el tomate por 2 minutos. Agregue la carne molida y sofríala otros 5 minutos, revolviendo con frecuencia o hasta que la carne esté bien dorada. Agregue el perejil y el cilantro picados.

3 Cuando la carne esté dorada, incline la sartén para que se junte la grasa a un lado y saque con una cuchara el exceso de líquido o de grasa. Baje la intensidad del fuego y agregue la salsa de tomate, el kétchup y el vino tinto. Mezcle bien y agregue sal y pimienta al gusto.

4 Continúe cocinando por 5 a 10 minutos o hasta que se haya evaporado la mayor parte del líquido. Agregue las pasas y las aceitunas. Mezcle bien. Retírela del fuego y resérvela mientras elabora la masa.

5 Elabore la masa como se indica en la receta incluida en la página 35.

6 Para hacer las empanadas, coloque una cucharada de relleno en el centro de cada círculo de masa. Usando una pequeña brocha, humedezca con agua los bordes de cada empanada y dóblela por la mitad. Presione bien los bordes con los dedos.

7 Coloque las empanadas en una bandeja para hornear cubierta previamente con un rociador de aceite. Utilice los dientes de un tenedor para sellar completamente los bordes de las empanadas. Bata la yema de huevo con una cucharada de leche o de agua y con una brocha pequeña pase por encima de cada empanada con esta mezcla.

8 Hornee por 20 minutos o hasta que las empanadas estén doradas.

Aceite de canola, 1 cucharada

Cebolla finamente picada, ½ taza

Tomate picado, 1 grande

Carne de res molida baja en grasa (95% magra) o pechuga de pavo molida, 1 libra

Perejil de hoja lisa picado, ⅓ de taza

Hojas de cilantro picadas, ⅓ de taza

Salsa de tomate, 1 lata (8 onzas)

Kétchup (salsa cátsup), 1 cucharada

Vino tinto, 2 cucharadas

Sal y pimienta negra molida, al gusto

Pasas, 2 cucharadas

Aceitunas verdes picadas, 2 cucharadas

Masa para empanadas de la tía Irasema (página 35)

Yema de huevo, 1

Leche o agua, 1 cucharada

Información por porción
Calorías, 167
Grasa total, 4.7 g
    Grasas saturadas, 1.2 g
    Grasas trans, 0.1 g
    Grasa poliinsaturada, 0.8 g
    Grasa monoinsaturada 2.4 g
Carbohidratos total, 20 g
    Fibra dietética, 1 g
    Azúcar, 3 g
Proteínas, 10 g
Sodio, 302 mg

cóctel tropical

Este plato es perfecto para servirlo en fiestas y reuniones. Para darle un toque festivo, puede adornarlo con algunos camarones en el borde de la copa. La carne de imitación de cangrejo (o de jaiba) puede remplazarse en esta receta con media libra de camarones medianos cocidos y pelados. Este plato también es delicioso acompañado con chips de tortilla hechos en casa. —Maya

Tiempo de preparación: 30 minutos | **Tiempo total:** 1 hora a 1 hora y 30 minutos | **8 Porciones**

1 Combine todos los ingredientes en un recipiente grande de vidrio y mezcle bien. Marine de 30 a 60 minutos en el refrigerador.

2 Pruebe y sazone al gusto o agregue más jugo de limón, si así lo desea.

Jugo cóctel de tomate y almeja, 1 botella (32 onzas)

Carne de imitación de cangrejo (o jaiba), 1 libra

Pimiento morrón verde sin tallo, sin semillas y cortado en cuadraditos, 1

Pimiento morrón rojo sin tallo, sin semillas y cortado en cuadraditos, 1

Tomates cortados en cuadraditos, 2

Aguacates (paltas) pelados, sin semilla y cortados en cuadraditos, 2

Pepinos pelados, cortados en cuadraditos, 2

Jugo de 4 limones

Ajo triturado, ¼ de cucharadita

Sal y pimienta negra molida, al gusto

Hojas de cilantro picadas, ¼ de taza

Vinagre de sidra de manzana, 1 cucharadita

Información por porción
Calorías, 165
Grasa total, 6.1 g
    Grasas saturadas, 1.0 g
    Grasas trans, 0.0 g
    Grasa poliinsaturada, 0.9 g
    Grasa monoinsaturada 3.8 g
Carbohidratos total, 23 g
    Fibra dietética, 5 g
    Azúcar, 12 g
Proteínas, 7 g
Sodio, 922 mg

empanadas sabrosas de queso con vegetales

Aceite de oliva, 1 cucharada

Cebolla blanca en rodajas finas, ½

Ajo triturado, 2 dientes

Pimiento morrón rojo o verde sin tallo y sin semillas, finamente picado, 1

Chayote en mitades, sin corazón y cortado en cuadraditos, 1

Zanahorias ralladas, 1 taza

Sal y pimienta negra molida, al gusto

Jugo de 1 limón, opcional

Salsa mexicana (página 13), opcional, 1 taza o 1 taza de salsa de tomate asado de la tienda

Masa para empanadas de la tía Irasema (página 35)

Queso suizo en cuadraditos, 6 rebanadas

Yema de huevo, 1

Leche o agua, 1 cucharada

Uno de los vegetales que se usan en la elaboración de esta receta es el chayote, originario de México y miembro de la familia de las calabazas. Tiene un sabor suave y fresco. En este relleno para empanadas, el chayote se mezcla con otros vegetales y queso suizo para obtener un resultado exquisito. También puede añadir acelgas frescas. —Malena

Tiempo de preparación: 25 minutos | **Tiempo total:** 1 hora | **12 Porciones** (una empanada por porción)

1 Precaliente el horno a 375 °F.

2 En una sartén o un wok con fondo grueso, caliente el aceite a fuego de medio a alto. Agregue todos los vegetales y sofríalos, revolviendo con frecuencia, hasta que los vegetales estén blandos. Agregue la sal y la pimienta. Añada el jugo de limón y ¾ de taza de la salsa; y mezcle hasta que esté todo bien unido. Pruebe y si es necesario, agregue más salsa, sal o pimienta. Retírelo del fuego y resérvelo.

3 Elabore la masa como se indica en la receta incluida en la página 35.

4 Coloque una cucharada de relleno en el centro de cada círculo de masa y ponga encima unos trocitos de queso. Usando una pequeña brocha, humedezca con agua los bordes de cada empanada y dóblela por la mitad. Presione bien los bordes con los dedos.

5 Rocíe una bandeja de hornear con un rociador de aceite. Coloque las empanadas en la bandeja para hornear y utilice los dientes de un tenedor para sellar completamente los bordes de las empanadas. Bata la yema de huevo con una cucharada de leche o agua y con una brocha pequeña barnice por encima cada empanada con esta mezcla.

6 Hornee por 20 minutos o hasta que las empanadas estén doradas.

Información por porción
Calorías, 167
Grasa total, 6.5 g
  Grasas saturadas, 2.9 g
  Grasas trans, 0.1 g
  Grasa poliinsaturada, 0.7 g
  Grasa monoinsaturada 2.5 g
Carbohidratos total, 21 g
  Fibra dietética, 2 g
  Azúcar, 2 g
Proteínas, 7 g
Sodio, 178 mg

masa para empanadas de la tía irasema

Esta receta es de mi tía Irasema. Ella prepara su propia masa para saber exactamente lo que tiene; y yo la prefiero por encima de cualquier otra masa. Además, es más saludable, ya que lleva muy poca grasa. Utilice esta masa para hacer sus propias empanadas de carne o de vegetales (páginas 31 y 34).
—Malena

Harina, 2 tazas

Polvo de hornear, 1½ cucharaditas

Sal, ½ cucharadita

Azúcar, ½ cucharadita

Agua caliente, ¾ de taza

Aceite vegetal o de canola, 2 cucharaditas

Tiempo de preparación: 15 minutos | **Tiempo total:** 20 minutos | **12 Porciones**

1 Precaliente el horno a 375 °F.

2 Coloque en un recipiente grande todos los ingredientes secos para hacer la masa y agregue ¾ de taza de agua medio caliente y el aceite de canola.

3 Utilice una espátula de plástico para mezclar los ingredientes, desprendiendo lo que se pegue a las paredes del recipiente y juntándolo en el centro de la masa. A continuación, amase muy bien a mano. Forme una bola grande con la masa. Si la masa está muy seca, puede agregarle más agua, una cucharadita a la vez.

4 Coloque la masa en una superficie enharinada. Extienda la masa con un rodillo hasta que tenga una masa delgada y pueda obtener un grosor de aproximadamente ⅛ de pulgada (⅓ cm).

5 Con un cortador, un vaso ancho o una tapa de 4 pulgadas de diámetro, corte doce círculos. Después de cortar la masa, estire cada círculo con las manos, volteando la masa entre sus palmas hasta que esté lo suficientemente delgada. Para hacer las empanadas, siga las instrucciones de las recetas incluidas en las páginas 31 y 34.

Información por porción
Calorías, 83
Grasa total, 1.0 g
  Grasas saturadas, 0.1 g
  Grasas trans, 0.0 g
  Grasa poliinsaturada, 0.3 g
  Grasa monoinsaturada 0.5 g
Carbohidratos total, 16 g
  Fibra dietética, 1 g
  Azúcar, 1 g
Proteínas, 2 g
Sodio, 143 mg

ensalada rusa al estilo peruano

Betarragas (remolachas, betabeles) cocidas, escurridas y cortadas en cuadraditos, 2, o 1 lata (8.5 onzas)

Arvejas (guisantes, chícharos) y zanahorias congeladas, 2 tazas descongeladas o 2 latas (8.5 onzas) escurridas

Mayonesa baja en grasa, ¼ de taza

Jugo de limón recién exprimido, 2 cucharadas

Sal, ¼ de cucharadita o al gusto

Pimienta negra molida, ¼ de cucharadita o al gusto

Sirva esta ensalada como aperitivo o bocadillo acompañado de galletas saladas integrales o rellene aguacates cortados por la mitad. También puede agregarle una lata de atún para hacerla más completa. —Maya

Tiempo de preparación: 10 minutos | **Tiempo total:** 20 minutos | **4 Porciones**

1 Combine todos los ingredientes en un recipiente de vidrio y mezcle bien.

Información por porción
Calorías, 109
Grasa total, 5.3 g
   Grasas saturadas, 0.8 g
   Grasas trans, 0.0 g
   Grasa poliinsaturada, 2.9 g
   Grasa monoinsaturada 1.2 g
Carbohidratos total, 12 g
   Fibra dietética, 3 g
   Azúcar, 7 g
Proteínas, 3 g
Sodio, 354 mg

notas

jugos y licuados

licuado de pera y fresas

Pera Bartlett con cáscara, sin corazón, en rebanadas, 1 ó 1 lata (11 onzas) escurrida de peras conservadas en jugo 100% natural

Fresas, lavadas, 2

Hielo triturado, ½ taza

Yogur natural sin grasa, ⅓ de taza

Leche (descremada), ⅓ de taza

Miel de abejas, 1 cucharadita

Agua, ½ taza

Este licuado, delicioso y ligero, es uno de mis favoritos. Cuando quiero darle un sabor diferente, me gusta sustituir la leche y el yogur con jugo de naranja y un chorrito de jugo de limón. —Martín

Tiempo de preparación: 5 minutos | **Tiempo total:** 5 minutos | **2 Porciones** (1 taza por porción)

1 Coloque todos los ingredientes en una licuadora y mezcle bien. Sirva inmediatamente.

Para más sabor, sustituya el agua con jugo de manzana con té verde. Añada nuestro suplemento de quinua y manzana (página 45), harina de linaza, proteína en polvo, mantequilla de maní o de almendra y otras frutas, como el plátano.

Información por porción
Calorías, 96
Grasa total, 0.2 g
  Grasas saturadas, 0.1 g
  Grasas trans, 0.0 g
  Grasa poliinsaturada, 0.0 g
  Grasa monoinsaturada 0.1 g
Carbohidratos total, 22 g
  Fibra dietética, 3 g
  Azúcar, 16 g
Proteínas, 4 g
Sodio, 47 mg

"jugo levantamuertos" de maya

Cuando estaba recibiendo quimioterapia y no tenía energía ni deseos de comer, realmente disfrutaba de tomar este refrescante y nutritivo extracto. Era una verdadera bendición para mí porque me daba energía y es por eso que lo llamo "jugo levantamuertos". Las manzanas hacen que sea sorprendentemente dulce y delicioso. Mis favoritas son las manzanas Gala, pero si no puede conseguirlas, también puede usar cualquier manzana que sea dulce.

Procese las zanahorias en un extractor de jugos y guarde inmediatamente la pulpa que le quede, en una bolsa de plástico. Congele la pulpa de zanahoria para usarla en otro momento en recetas como el pastel de zanahoria o la salsa para espaguetis. Si utiliza zanahorias orgánicas, no les quite la cáscara. Si las zanahorias no son orgánicas, péleles la cáscara antes de extraerles el jugo.
—Maya

Zanahorias, 4

Apio, 2 tallos

Hojas de espinaca, 1 taza

Floretes de brócoli, ½ taza

Remolacha (betarraga, betabel) pelada, 1 rodaja delgada

Manzanas Gala sin pelar, 1 ó 2

Tiempo de preparación: 10 minutos | **Tiempo total:** 15 minutos | **1 Porción**

1 En un extractor de jugos, procese las zanahorias, el apio, la espinaca, el brócoli, la remolacha y las manzanas. Siga las instrucciones del extractor.

2 Bébalo inmediatamente para disfrutar mejor de todo su sabor y valor nutritivo.

Información por porción
Calorías, 200
Grasa total, 1.2 g
    Grasas saturadas, 0.2 g
    Grasas trans, 0.0 g
    Grasa poliinsaturada, 0.5 g
    Grasa monoinsaturada 0.1 g
Carbohidratos total, 47 g
    Fibra dietética, 3 g
    Azúcar, 28 g
Proteínas, 5 g
Sodio, 275 mg

licuado de papaya con almendras

Yogur natural o de vainilla sin grasa, 1 taza

Papaya cortada en trozos, 1 taza

Fresas frescas o congeladas, cortadas, ⅓ de taza

Leche (descremada al 1%), 1 taza

Extracto de vainilla, 1 cucharadita

Miel de abejas o néctar de agave (opcional), 2 cucharadas

Almendras fileteadas, 2 cucharadas

Almendras picadas (opcional), 2 cucharadas

Si no tiene papaya a la mano, puede usar melocotones (duraznos) o melón para preparar este licuado. También puede usar almendras enteras en lugar de fileteadas, sólo que en ese caso tendrá que procesar el licuado un ratito más. Las almendras son muy nutritivas y les dan a los licuados un sabor delicioso.
—Martín

Tiempo de preparación: 5 minutos | **Tiempo total:** 5 minutos | **4 Porciones** (aproximadamente 1 taza por porción)

1 Combine el yogur, la papaya, las fresas, la leche, la vainilla, la miel de abejas y las almendras en una licuadora y mezcle bien. Si lo desea, esparza almendras picadas sobre cada porción.

Información por porción
Calorías, 126
Grasa total, 2.2 g
    Grasas saturadas, 0.3 g
    Grasas trans, 0.0 g
    Grasa poliinsaturada, 0.5 g
    Grasa monoinsaturada 1.3 g
Carbohidratos total, 21 g
    Fibra dietética, 1 g
    Azúcar, 19 g
Proteínas, 6 g
Sodio, 68 mg

licuado de frutas congeladas

Leche (descremada o al 1%), 2 tazas

Mango, 4 rodajas

Fresas limpias, 6

Frambuesas, arándanos o moras, ⅓ de taza

Yogur helado de vainilla sin grasa, ½ taza

Miel de abejas o azúcar morena (opcional), 2 cucharadas

Naturalmente, puede usar fruta fresca, pero la fruta congelada hace que este licuado sea muy fácil de preparar en cualquier temporada del año. Se pueden usar otras frutas de temporada, como por ejemplo melocotones (duraznos), bananas (plátano, guineo), piña, melón o cualquier combinación de frutas del bosque frescas o congeladas. Nos encanta hacer esta divertida receta con nuestros hijos. —Malena y Maya

Tiempo de preparación: 5 minutos | **Tiempo total:** 10 minutos | **4 Porciones**

1 Combine todos los ingredientes en una licuadora y mezcle hasta que todas las frutas estén completamente trituradas y se forme como un puré. Sirva inmediatamente.

Información por porción
Calorías, 100
Grasa total, 0.3 g
    Grasas saturadas, 0.1 g
    Grasas trans, 0.0 g
    Grasa poliinsaturada, 0.1 g
    Grasa monoinsaturada 0.1 g
Carbohidratos total, 20 g
    Fibra dietética, 2 g
    Azúcar, 17 g
Proteínas, 6 g
Sodio, 69 mg

suplemento de quinua y manzana para licuados

Este suplemento para licuados le da un sabor delicioso y aporta ricos nutrientes a cualquier licuado de frutas. Me gusta prepararlo con antelación y mantenerlo en el refrigerador. Cuando hago un licuado, agrego a la licuadora aproximadamente de ⅓ a ½ taza de este suplemento para obtener un magnífico desayuno completo.

La quinua es una proteína completa y muchos la consideran un súper cereal. No contiene gluten y es fácil de digerir, así que es ideal para aquellas personas que no pueden comer gluten. Para que tenga un mejor sabor, uso la quinua original y no la variedad de cocción instantánea o rápida. —Maya

Quinua cruda, ½ taza

Agua, 1½ taza

Canela entera, 1 pequeña

Manzanas Granny Smith (manzanas verdes y ácidas) peladas, sin corazón y finamente picadas, 3

Azúcar, 1 cucharada

Leche tibia (descremada al 2%), 1 taza

Néctar de agave o miel de abejas, 3 cucharadas

Almendras finamente picadas, ¼ de taza

Extracto de vainilla, ½ cucharadita

Sal, 1 pizca

Tiempo de preparación: 20 minutos | **Tiempo total:** de 30 a 45 minutos | **6 Porciones**

1. Lave la quinua en un recipiente grande con agua del grifo, frotando los granos con sus dedos. Escurra la quinua usando un colador de malla fina y vuelva a lavarla con agua del grifo. Lave la quinua de cuatro a cinco veces, hasta que no salga más espuma.

2. Hierva 1 taza de agua. Agregue la quinua y una raja de canela y cocine durante 1 minuto. Revuelva, cubra con una tapa y baje el fuego al mínimo. Deje que se cocine aproximadamente 15 minutos o hasta que los granos se rompan y parezcan medias lunas y el agua se haya absorbido. Retire la raja de canela.

3. Mientras la quinua se esté cocinando, combine en una olla pequeña las manzanas picadas, ½ taza de agua y el azúcar. Tape y deje hervir. Baje el fuego y cocine por 10 minutos o hasta que las manzanas estén blandas.

4. Cuando las manzanas se hayan ablandado, retírelas del fuego. Transfiera las manzanas a una licuadora o un procesador de alimentos y tritúrelas hasta que quede un puré. Agregue la quinua y la leche tibia; y mezcle bien.

5. Pase la mezcla de manzanas y quinua a un recipiente. Agregue el néctar de agave, las almendras, la vainilla y una pizca de sal. Mezcle bien.

6. Conserve la mezcla en el refrigerador hasta que vaya a usarla. Esta mezcla puede mantenerse refrigerada de dos a tres días.

Información por porción
Calorías, 158
Grasa total, 3.6 g
   Grasas saturadas, 0.8 g
   Grasas trans, 0.0 g
   Grasa poliinsaturada, 1.1 g
   Grasa monoinsaturada 1.7 g
Carbohidratos total, 28 g
   Fibra dietética, 3 g
   Azúcar, 17 g
Proteínas, 4 g
Sodio, 29 mg

platos
para niños

paletas cremosas de fruta

Queso crema bajo en grasa, 4 onzas

Leche (descremada), 2 tazas

Piña, 5 rodajas

Melocotón (durazno) o albaricoque pelado, sin semilla y picado, 1

Miel de abejas, 2 cucharadas

Coco rallado endulzado, 2

Estas paletas también pueden hacerse con frutas del bosque frescas o congeladas. En ese caso, sólo tiene que omitir en el primer paso el melocotón o albaricoque y agregar a la licuadora media taza de frutas del bosque. —Malena

Tiempo de preparación: 10 minutos | **Tiempo total:** 5 horas | **8 Porciones** (una paleta por porción)

1 En una licuadora, combine el queso crema, la leche, tres rodajas de piña, el melocotón y la miel de abejas; y mezcle bien.

2 Pique las dos rodajas de piña restantes y agréguelas a la licuadora. Licúe a baja velocidad para triturar un poco la piña, pero no completamente.

3 Agregue el coco rallado y procese a la velocidad más baja. No deje que se licúe completamente.

4 Vierta la mezcla en moldes de plástico para paletas y póngalas en el congelador por aproximadamente 5 horas.

Información por porción
Calorías, 102
Grasa total, 3.7 g
   Grasas saturadas, 2.2 g
   Grasas trans, 0.0 g
   Grasa poliinsaturada, 0.2 g
   Grasa monoinsaturada 0.9 g
Carbohidratos total, 15 g
   Fibra dietética, 1 g
   Azúcar, 13 g
Proteínas, 4 g
Sodio, 90 mg

croquetas de salmón

Sirva estas deliciosas croquetas calientes acompañándolas con puré de manzana hecho en casa o comprado de la tienda. A los niños les encanta esta combinación de sabor salado y dulce. Cuando mis hijos eran pequeños, me las pedían con frecuencia. —Maya

Salmón conservado en agua, 1 lata (15 onzas)

Galletas de soda o saladas molidas, de 6 a 8

Huevos, 2

Perejil seco, 1 cucharadita

Sal y pimienta negra molida, al gusto

Tiempo de preparación: 15 minutos | **Tiempo total:** 30 minutos
6 Porciones (una croqueta mediana por porción)

1 Escurra el salmón y reserve el agua. Coloque el salmón escurrido en un recipiente, desmenúcelo con un tenedor en trozos pequeños y retire las espinas grandes.

2 Agregue las galletas saladas molidas, los huevos, el perejil, la sal y la pimienta; y mezcle bien. Si la mezcla queda demasiado seca, agregue el agua del salmón poco a poco, no más de 4 cucharadas cada vez. No se pase de agua, porque si la mezcla queda demasiado aguada, las croquetas se desharán.

3 Con las manos, haga primero bolitas medianas y después aplánelas para dar forma a las croquetas.

4 Cubra una sartén con un rociador de aceite y fría la mitad de las croquetas hasta que estén doradas. Cuando esté friendo las croquetas, utilice una espátula para presionarlas.

5 Saque las croquetas de la sartén y colóquelas en un plato con una toalla de papel. Si es necesario, agregue más aceite con un rociador y fría el resto de las croquetas.

Información por porción
Calorías, 128
Grasa total, 5.4 g
    Grasas saturadas, 1.2 g
    Grasas trans, 0.0 g
    Grasa poliinsaturada, 1.5 g
    Grasa monoinsaturada 1.5 g
Carbohidratos total, 2 g
    Fibra dietética, 0 g
    Azúcar, 0 g
Proteínas, 16 g
Sodio, 344 mg

sandía picosita

Esta receta es excelente para fiestas y reuniones familiares en el verano. Puede sustituir la sandía con otras frutas de temporada, como por ejemplo melocotones (duraznos), melón, papaya o una combinación de frutas del bosque. Para los niños, puede omitir el chile en polvo o agregarle una menor cantidad. —Maya

Sandía helada cortada en cuadrados, 4 tazas

Chile en polvo, 1 cucharadita

Sal, al gusto

Limones, 3

Tiempo de preparación: 5 minutos | **Tiempo total:** 5 minutos | **4 Porciones**

1 Coloque sandía fría en vasos o recipientes individuales de vidrio.

2 Mezcle el chile en polvo y una pizca de sal. Lo mejor es poner esta mezcla en un salero para poder controlar mejor la cantidad que rocía sobre la fruta.

3 Rocíe la sandía con el jugo de limón y la mezcla de chile en polvo a su gusto.

4 Sirva cada vaso junto con una rodaja de limón.

Información por porción
Calorías, 49
Grasa total, 0.4 g
Grasas saturadas, 0.0 g
Grasas trans, 0.0 g
Grasa poliinsaturada, 0.1 g
Grasa monoinsaturada 0.1 g
Carbohidratos total, 12 g
Fibra dietética, 1 g
Azúcar, 10 g
Proteínas, 1 g
Sodio, 9 mg

yogur de arcoíris

Granola, ½ taza

Pasas, 3 cucharadas

Miel de abejas, 2 cucharadas

Mango pelado, sin pepa y cortado en cuadraditos, 1

Fresas limpias y picadas, 8

Arándanos, ½ taza

Yogur natural o de vainilla sin grasa, 2 tazas

Esta receta también queda bien con otras frutas de temporada, como albaricoques, bananas (guineos, plátanos) o cualquier combinación de frutas del bosque frescas o congeladas. —Maya

Tiempo de preparación: 15 minutos | **Tiempo total:** 15 minutos | **4 Porciones**

1 Combine la granola, las pasas y la miel de abejas en un recipiente pequeño. Resérvela.

2 Combine el mango, las fresas y los arándanos en otro recipiente.

3 Coloque en el fondo de cada copa una capa de la mezcla de frutas.

4 Agregue una capa de yogur y cubra con otra capa de fruta.

5 Rocíe por encima unas cucharadas de la mezcla de granola y pasas. Adorne con fresas u otra fruta de su preferencia.

Información por porción
Calorías, 233
Grasa total, 3.0 g
  Grasas saturadas, 0.4 g
  Grasas trans, 0.0 g
  Grasa poliinsaturada, 0.5 g
  Grasa monoinsaturada 0.7 g
Carbohidratos total, 46 g
  Fibra dietética, 3 g
  Azúcar, 35 g
Proteínas, 8 g
Sodio, 84 mg

paletas de fruta y yogur

Estas paletas son deliciosas, saludables y fáciles de preparar. Use cualquier fruta de temporada que encuentre, como por ejemplo albaricoques, piña, mango, papaya o cualquier fruta del bosque fresca o congelada. Esta es una receta divertida para que los niños participen en su preparación. —Maya

Cualquier fruta cortada en trozos grandes, 2 tazas

Yogur griego o de vainilla bajo en calorías, 1 taza

Miel de abejas (opcional), 1 cucharada

Extracto de almendras (opcional), ½ cucharadita

Tiempo de preparación: 5 minutos | **Tiempo total:** 4 horas | **4 Porciones** (una paleta por porción)

1 Coloque todos los ingredientes en una licuadora y procéselos hasta que tengan una consistencia uniforme.

2 Vierta la mezcla en moldes de plástico para paletas y congele por 4 horas.

Información por porción
Calorías, 71
Grasa total, 0.2 g
    Grasas saturadas, 0.0 g
    Grasas trans, 0.0 g
    Grasa poliinsaturada, 0.0 g
    Grasa monoinsaturada 0.0 g
Carbohidratos total, 12 g
    Fibra dietética, 1 g
    Azúcar, 10 g
Proteínas, 6 g
Sodio, 24 mg

ensalada con chips de tortilla

Pechugas de pollo sin piel y sin hueso, 2

Limones, 3

Aderezo para tacos, 1 cucharada

Sal, ¼ de cucharadita

Pimienta negra molida, ¼ de cucharadita

Aceite de canola o de oliva, 1 cucharada

Cebolla picada, ½

Ajo picado, 1 diente

Tomates cortados en cuadraditos, 2

Lechuga picada, ½ cabeza

Maíz congelado, 1 taza o 1 lata (8.5 onzas) escurrida de maíz en granos enteros

Frijoles negros, escurridos y lavados, 1 lata (15 onzas)

Queso tipo "cheddar" bajo en grasa, rallado, 1 taza

Pico de gallo clásico (página 30), 1 taza

Crema agria baja en grasa o crema mexicana, ½ taza

Chips de tortilla de maíz, en trocitos, 1 taza

Esta es una de las recetas favoritas de mis hijos y una excelente manera de hacerles comer ensalada. La crema mexicana puede conseguirse en cualquier mercado de productos hispanos. —Malena

Tiempo de preparación: 20 minutos | **Tiempo total:** 30 minutos | **6 Porciones**

1 Adobe el pollo con el jugo de un limón, el aderezo para tacos, sal y pimienta.

2 Caliente el aceite de canola en una sartén y sofría la cebolla hasta que esté transparente. Agregue el ajo y cocine de 1 a 2 minutos.

3 Agregue el pollo y cocínelo, tapado, a fuego medio hasta que esté dorado y se haya cocido por dentro, por unos 10 minutos. Retírelo del fuego y deshiláchelo o córtelo en trozos pequeños.

4 En un recipiente de vidrio grande o un plato para servir, coloque todos los ingredientes en capas, comenzando con el pollo deshilachado y continuando con los tomates, la lechuga, el maíz, los frijoles negros, el queso, la salsa y la crema agria. Adorne con chips de tortilla en trocitos. Corte los dos limones restantes en rodajas y sírvalos junto con la ensalada.

Información por porción
Calorías, 303
Grasa total, 12.2 g
  Grasas saturadas, 4.6 g
  Grasas trans, 0.0 g
  Grasa poliinsaturada, 2.2 g
  Grasa monoinsaturada 4.4 g
Carbohidratos total, 29 g
  Fibra dietética, 6 g
  Azúcar, 7 g
Proteínas, 22 g
Sodio, 466 mg

pasta con pesto especial

Pasta en forma de corbata o cualquier otra pasta pequeña, 10 onzas

Hojas de espinaca, 2 tazas

Hojas de albahaca fresca, ¼ de taza

Piñones o nueces de Castilla, ⅓ de taza

Ajo, 1 diente

Aceite de oliva, ⅓ de taza

Queso parmesano rallado, ½ taza

Sal y pimienta negra molida, al gusto

Para darle un toque extra de color y de sabor, adorne este plato con tomates tipo "cherry" (del tamaño de uvas) o cualquier tipo de tomate en rodajas. A los niños les encanta este plato y no se dan cuenta de que están comiendo espinaca. El pesto también puede servirse como aperitivo para acompañar vegetales o galletas saladas. —Malena y Maya

Tiempo de preparación: 15 minutos | **Tiempo total:** 25 minutos | **6 Porciones**

1 Cocine la pasta siguiendo las instrucciones del paquete. Cuando esté lista, escúrrala y resérvela.

2 Mientras se esté cocinando la pasta, lave bien y seque la espinaca y la albahaca.

3 En un procesador de alimentos, combine la espinaca, la albahaca y los piñones. Comience a licuarlos. Agregue el ajo y siga licuando.

4 Con el motor en marcha, añada poco a poco el aceite de oliva. Cuando los ingredientes se hayan mezclado, agregue el queso y siga licuando hasta que la mezcla tenga una consistencia uniforme. Sazone con sal y pimienta al gusto.

5 Vierta el pesto en la pasta. Mezcle y sirva.

Información por porción
Calorías, 367
Grasa total, 20.3 g
    Grasas saturadas, 3.5 g
    Grasas trans, 0.0 g
    Grasa poliinsaturada, 4.4 g
    Grasa monoinsaturada 11.0 g
Carbohidratos total, 37 g
    Fibra dietética, 2 g
    Azúcar, 3 g
Proteínas, 10 g
Sodio, 69 mg

puré de papas de yolita

Siento ternura cuando pienso en esta receta. Cuando mis hermanas y yo éramos pequeñas, nuestra mamita nos servía el puré en forma de sol con "rayos" alrededor. En ocasiones, dibujaba una cara en el puré usando vegetales cocidos. En aquel entonces, no teníamos ni idea de que ella estaba tratando de incorporar a nuestras comidas la mayor cantidad de nutrientes. —Maya

Papas, 6 grandes

Camote o batata, cortado en cuartos, 1

Zanahorias picadas, 1 ó 2

Mantequilla, 3 cucharadas

Zapallo o calabaza cocido, 1 taza o 1 bolsa (14 onzas) de calabaza congelada, descongelada

Sal de mar, al gusto

Leche tibia (descremada), 1 taza más 2 cucharadas, en partes

Tiempo de preparación: 20 minutos | **Tiempo total:** de 45 minutos a 1 hora | **6 Porciones**

1 Pele las papas y córtelas en cuatro o seis pedazos. Colóquelas en una olla con suficiente agua para cubrirlas y póngalas a hervir. Cocine las papas hasta que se ablanden. Escúrralas bien.

2 Mientras tanto, llene aparte otra olla con agua, agregue el camote y las zanahorias y hágalos hervir hasta que se ablanden. Escurra bien los vegetales. Reserve el agua, en caso de que la necesite.

3 Derrita 1 cucharada de mantequilla en una sartén. Sofría ligeramente el zapallo (o calabaza) cocido. Agregue el camote y las zanahorias, sazone con una pizca de sal y cocine todo junto por 10 minutos.

4 Coloque el zapallo, el camote y las zanahorias en una licuadora con 2 cucharadas de leche y licúe bien, teniendo cuidado de que la mezcla no quede demasiado líquida. Resérvela.

5 Cuando las papas estén listas, escurra el agua y hágalas puré. Agregue las 2 cucharadas restantes de mantequilla y ½ taza de leche tibia. Use una batidora de mano eléctrica para batir el puré hasta que esté cremoso.

6 Agregue la ½ taza restante de leche tibia y la mezcla de zapallo al puré de papas. Si desea que el puré se vea marmoleado, use una cuchara o una espátula para mezclar ligeramente el puré de papas y la mezcla de vegetales con movimientos envolventes. De lo contrario, mezcle bien usando la batidora de mano. Pruebe el puré y si es necesario, rectifique la sazón.

Información por porción
Calorías, 255
Grasa total, 6.1 g
    Grasas saturadas, 3.8 g
    Grasas trans, 0.2 g
    Grasa poliinsaturada, 0.3 g
    Grasa monoinsaturada 1.5 g
Carbohidratos total, 46 g
    Fibra dietética, 5 g
    Azúcar, 7 g
Proteínas, 6 g
Sodio, 96 mg

pizza vegetariana de tortilla

Esta es una receta fácil que a los niños les encantará ayudar a preparar. Estas pizzas también pueden llevar aceitunas cortadas en rodajas, otros vegetales y otras hierbas o especias. —Maya

Tiempo de preparación: 10 minutos | **Tiempo total:** 20 minutos | **8 Porciones**

1 Precaliente el horno a 350 °F.

2 Coloque las tortillas en bandejas para hornear. Unte cada tortilla con 2 cucharadas de salsa para pizza. Frote el orégano entre sus dedos y rocíelo sobre las tortillas.

3 Agregue cebolla a cada tortilla y luego reparta los pimientos y la piña.

4 Esparza por encima queso mozzarella y parmesano.

5 Hornee durante 10 minutos o hasta que el queso se derrita.

Tortillas de trigo integral (8 pulgadas), 8

Salsa para pizzas, 1 taza

Orégano seco, 1 cucharadita

Cebolla roja finamente picada, ½

Pimiento morrón rojo sin tallo y sin semillas, cortado en tiras, 1

Pimiento morrón verde sin tallo y sin semillas, cortado en tiras, 1

Piña en trocitos conservada en jugo 100% natural, escurrida, 1 lata (8 onzas)

Queso mozzarella bajo en grasa rallado, 1 taza

Queso parmesano rallado, 2 ó 3 cucharadas

Frote el orégano entre sus dedos para ayudar a liberar su sabor.

Información por porción
Calorías, 249
Grasa total, 7.6 g
  Grasas saturadas, 3.9 g
  Grasas trans, 0.0 g
  Grasa poliinsaturada, 1.4 g
  Grasa monoinsaturada 1.1 g
Carbohidratos total, 36 g
  Fibra dietética, 5 g
  Azúcar, 7 g
Proteínas, 10 g
Sodio, 723 mg

minipizzas mexicanas

Queso mozzarella bajo en grasa rallado, 1 taza

Tortillas de maíz, 16

Salsa de tomate, 1 taza

Pimiento morrón verde, sin tallo y sin semillas, finamente picado, 1

Pimiento morrón rojo, sin tallo y sin semillas, finamente picado, 1

Pimiento morrón amarillo, sin tallo y sin semillas, finamente picado, 1

Jamón curado con miel, cortado en cuadrados (opcional), 4 rebanadas

Queso panela rallado, ½ taza

Pimienta roja triturada, opcional

La pizza gusta a niños y adultos; y esta receta es una forma sana y sencilla de hacerla en casa. Los niños pueden ayudar a armar las pizzas, una vez que usted haya cortado los ingredientes. El queso panela puede conseguirse no sólo en los mercados que venden productos hispanos, sino también en la sección de quesos de muchos supermercados. —Martín

Tiempo de preparación: 15 minutos | **Tiempo total:** 25 minutos | **8 Porciones**

1 Precaliente el horno a 380°F.

2 Rocíe queso mozzarella sobre las ocho tortillas. Cúbralas con las tortillas que quedan.

3 Caliente las tortillas en una sartén o una plancha (comal) a fuego medio lo suficiente para que el queso se derrita.

4 Transfiera las tortillas a una bandeja para hornear forrada con papel de aluminio.

5 Cubra las tortillas con salsa de tomate. Agregue los pimientos morrones y el jamón y esparza queso panela. Por último espolvoree las pizzas con pimienta roja triturada.

6 Hornee durante 10 minutos o hasta que el queso comience a dorarse. Sirva caliente.

Información por porción
Calorías, 187
Grasa total, 6.0 g
   Grasas saturadas, 3.0 g
   Grasas trans, 0.0 g
   Grasa poliinsaturada, 1.0 g
   Grasa monoinsaturada 1.3 g
Carbohidratos total, 27 g
   Fibra dietética, 4 g
   Azúcar, 4 g
Proteínas, 9 g
Sodio, 286 mg

puré de papas con espinacas

Mi mamá preparaba esta receta para mis hermanas y para mí cuando éramos niñas. Acostumbraba adornar este puré de papas verde con pequeñas flores recortadas de betarraga (remolacha, betabel) y zanahoria cocidas. A mis hermanas y a mí nos hacía felices comer nuestros "lindos prados verdes salpicados de flores". ¡Jamás nos dimos cuenta de que estábamos comiendo espinacas! ¡Qué mujer tan sabia era mi mamita! Tal vez ella le sirva de inspiración para hacer lo mismo para sus hijos. —Maya

Papas, 6 grandes

Mantequilla sin sal, 3 cucharadas

Espinaca fresca, 2 tazas, o 1 paquete (10 onzas) de espinaca congelada, descongelada y bien escurrida

Sal de mar, al gusto

Leche caliente (descremada), 1 taza más 2 cucharadas, en partes

Tiempo de preparación: 10 minutos | **Tiempo total:** 45 minutos | **6 Porciones**

1 Pele las papas, córtelas en seis pedazos y póngalas en una olla. Agregue suficiente agua para cubrirlas completamente. Deje hervir y cocine las papas hasta que se ablanden.

2 Derrita 1 cucharada de mantequilla en una sartén. Agregue las espinacas y una pizca de sal y sofría de 3 a 5 minutos, hasta que se reduzcan. Si usa espinaca congelada, cocínela por varios minutos hasta que se haya calentado bien y esté fragante. Cuando la espinaca se haya reducido, colóquela en una licuadora con 2 cucharadas de leche y mezcle bien, teniendo cuidado de que no quede demasiado líquida. Resérvela.

3 Cuando las papas estén listas, escúrralas y hágalas puré. Agregue las 2 cucharadas restantes de mantequilla y ½ taza de leche caliente. Use una batidora de mano eléctrica para batir el puré hasta que quede cremoso.

4 Agregue la espinaca licuada y la ½ taza restante de leche caliente al puré de papas. Si desea que el puré tenga un aspecto bicolor marmoleado, use una cuchara o espátula para mezclar ligeramente el puré de papas y la espinaca con movimientos envolventes. De lo contrario, mezcle bien usando una batidora de mano. Pruebe el puré y si es necesario, rectifique la sazón.

Información por porción
Calorías, 219
Grasa total, 6.0 g
   Grasas saturadas, 3.7 g
   Grasas trans, 0.2 g
   Grasa poliinsaturada, 0.3 g
   Grasa monoinsaturada 1.5 g
Carbohidratos total, 38 g
   Fibra dietética, 3 g
   Azúcar, 4 g
Proteínas, 5 g
Sodio, 87 mg

ensaladas

vinagreta clásica

Jugo de limón o lima recién exprimido,
2 cucharadas

Sal y pimienta negra molida, al gusto

Aceite de oliva extra virgen, ¼ de taza

Ajo, 1 diente

¡Coma ensalada todos los días! Cualquier ensalada puede convertirse en algo especialmente delicioso si se le agrega un aderezo casero. Los aderezos caseros para ensaladas son increíblemente fáciles de preparar y mucho más saludables para usted que los que se consiguen en los supermercados. Además, son mucho más económicos. Puede preparar su ensalada con cualquier cosa; personalmente, me gusta comenzar con los ingredientes básicos: lechuga (con hojas oscuras), algún tipo de tomate, zanahorias ralladas y pepino. También agrego aguacate a casi todas mis ensaladas. Si lo desea, puede añadir fruta. ¡Use su imaginación!

El secreto para realzar el sabor de este aderezo (y de la receta que le sigue) es triturar el ajo al final y agregarlo inmediatamente al aderezo. Este aderezo puede conservarse en el refrigerador como mínimo de tres a cuatro días.
—Malena

Tiempo de preparación: 10 minutos | **Tiempo total:** 10 minutos | **Rinde aproximadamente ⅓ de taza**

1 Coloque el jugo de limón, la sal y la pimienta en un recipiente de vidrio y mezcle.

2 Agregue poco a poco el aceite, batiendo vigorosamente con un tenedor o un batidor de mano para que todos los ingredientes se mezclen bien.

3 Por último, pele y triture el diente de ajo y añádalo a la vinagreta. También puede agregar el ajo picado finamente en trocitos en lugar de triturarlo. Deje reposar la vinagreta unos minutos antes de servirla.

Información por porción
(aproximadamente 1 cucharada)
Calorías, 81
Grasa total, 9.0 g
    Grasas saturadas, 1.2 g
    Grasas trans, 0.0 g
    Grasa poliinsaturada, 1.0 g
    Grasa monoinsaturada 6.6 g
Carbohidratos total, 0 g
    Fibra dietética, 0 g
    Azúcar, 0 g
Proteínas, 0 g
Sodio, 1 mg

vinagreta clásica con mostaza

Aunque este es un aderezo para ensaladas más elaborado, no deja de ser fácil de preparar y también puede usarse como salsa para vegetales cocidos, tales como remolachas (betabel), brócoli al vapor o coles de Bruselas. Este aderezo puede conservarse en el refrigerador como mínimo de tres a cuatro días. —Malena

Vinagre rojo, 2 cucharadas

Mostaza Dijon, ½ cucharadita

Sal y pimienta negra molida, al gusto

Aceite de oliva extra virgen, ¼ de taza

Ajo, 1 diente

Tiempo de preparación: 10 minutos | **Tiempo total:** 10 minutos | **Rinde aproximadamente ⅓ de taza**

1 Coloque el vinagre rojo, la mostaza, la sal y la pimienta en un recipiente de vidrio y mezcle.

2 Agregue poco a poco el aceite, batiendo vigorosamente con un tenedor o un batidor de mano para que todos los ingredientes se mezclen bien.

3 Por último, pele y triture el diente de ajo y añádalo a la vinagreta. Deje reposar la vinagreta unos minutos antes de servirla.

Información por porción (aproximadamente 1 cucharada)
Calorías, 82
Grasa total, 9.0 g
   Grasas saturadas, 1.2 g
   Grasas trans, 0.0 g
   Grasa poliinsaturada, 1.0 g
   Grasa monoinsaturada 6.6 g
Carbohidratos total, 0 g
   Fibra dietética, 0 g
   Azúcar, 0 g
Proteínas, 0 g
Sodio, 11 mg

aderezo casero tipo "ranch"

Suero de leche bajo en grasa, 1 taza

Mayonesa baja en grasa, ⅔ de taza

Crema agria baja en grasa, ⅔ de taza

Ajo en polvo, 1 cucharadita

Cebolla en polvo, 1 cucharadita

Cebollín fresco picado, 2 cucharadas

Eneldo fresco picado, 2 cucharadas

Perejil de hoja lisa picado y hojas de cilantro picadas, 2 cucharaditas

Sal y pimienta negra molida, al gusto

Mi amiga Glenda Sellar me dio la receta de este apetitoso aderezo tipo "Ranch". Si puede conseguir hierbas frescas, el aderezo quedará aún mejor. También puede usar hierbas secas, pero en ese caso agregue un poco menos. Este aderezo puede conservarse refrigerado un par de días. —Malena

Tiempo de preparación: 10 minutos | **Tiempo total:** 45 minutos, incluyendo la refrigeración

Rinde aproximadamente 2½ tazas

1 En un recipiente, bata vigorosamente para mezclar el suero de leche, la mayonesa y la crema agria.

2 Agregue el ajo en polvo, la cebolla en polvo, el cebollín, el eneldo, el perejil, la sal y la pimienta. Mezcle bien.

3 Cubra y refrigere por lo menos 30 minutos antes de servir.

Información por porción (aproximadamente ¼ de taza)
Calorías, 89
Grasa total, 7.2 g
    Grasas saturadas, 2.2 g
    Grasas trans, 0.0 g
    Grasa poliinsaturada, 3.0 g
    Grasa monoinsaturada 1.7 g
Carbohidratos total, 4 g
    Fibra dietética, 0 g
    Azúcar, 3 g
Proteínas, 2 g
Sodio, 177 mg

aderezo de frambuesa

Este aderezo para ensaladas me encanta porque, gracias a las frambuesas, es sofisticado y delicado al mismo tiempo. Este aderezo puede conservarse dos o tres días en el refrigerador. Convierte cualquier ensalada en un plato elegante y delicioso. —Maya

Tiempo de preparación: 5 minutos | **Tiempo total:** 40 minutos, incluyendo la refrigeración

Rinde aproximadamente 2 tazas

1 Coloque las frambuesas en una licuadora con ⅓ de taza de agua y hágalas puré. Pase las frambuesas por un colador de malla para separar las semillas. Resérvelas.

2 Coloque en una licuadora el aceite de oliva, la leche mitad leche mitad crema ("half and half"), el vinagre, la miel de abejas, la sal, la pimienta negra y la pimienta blanca y mezcle bien.

3 Agregue el puré de frambuesa a la licuadora y mezcle un par de minutos.

4 Refrigérela 30 minutos y sírvala con cualquier ensalada de lechugas.

Frambuesas frescas o congeladas, 1 taza

Agua, ⅓ de taza

Aceite de oliva extra virgen, ⅓ de taza

Leche descremada mitad leche mitad crema ("half and half") o leche evaporada, ¼ de taza

Vinagre de vino blanco, 2 cucharadas

Miel de abejas o néctar de agave, 2 ó 3 cucharadas

Sal, ¼ de cucharadita

Pimienta negra molida, ⅛ de cucharadita

Pimienta blanca molida, ⅛ de cucharadita

Información por porción (aproximadamente ¼ de taza)
Calorías, 111
Grasa total, 9.5 g
　　Grasas saturadas, 1.5 g
　　Grasas trans, 0.0 g
　　Grasa poliinsaturada, 1.0 g
　　Grasa monoinsaturada 6.7 g
Carbohidratos total, 7 g
　　Fibra dietética, 0 g
　　Azúcar, 5 g
Proteínas, 0 g
Sodio, 81 mg

vinagreta de mostaza con miel de abeja

Mostaza Dijon, 2 cucharadas

Miel de abejas o néctar de agave, 3 cucharadas

Vinagre balsámico, ¼ de taza

Aceite de oliva extra virgen, ¼ de taza

Aceite de canola, ½ taza

Sal, ½ cucharadita o al gusto

Pimienta negra molida ¼ de cucharadita o al gusto

Agua hirviendo, ¼ de taza

En mi familia, a todos les gusta esta vinagreta. A mí me encanta porque hace que mi familia coma ensaladas. Como es muy espesa, también puede usarse como crema para untar vegetales, tales como tomates cherry, brócoli crudo o hervido, coliflor, champiñones, zanahorias o jícama. Esta vinagreta también es deliciosa para marinar carne, pollo o pescado. —Maya

Tiempo de preparación: 5 minutos | **Tiempo total:** 10 minutos
12 Porciones (aproximadamente 2 cucharadas por porción)

1 Coloque todos los ingredientes en una licuadora y mezcle bien.

2 Pruebe la vinagreta y si es necesario, rectifique la sazón. Sirva inmediatamente.

Información por porción
Calorías, 143
Grasa total, 13.7 g
    Grasas saturadas, 1.3 g
    Grasas trans, 0.0 g
    Grasa poliinsaturada, 3.0 g
    Grasa monoinsaturada 9.1 g
Carbohidratos total, 6 g
    Fibra dietética, 0 g
    Azúcar, 5 g
Proteínas, 0 g
Sodio, 159 mg

aderezo para ensaladas de jícamas y aguacate

La jícama es un vegetal oriundo de México. Es de la forma de una cebolla grande, tiene la cáscara gruesa de color marrón claro y la pulpa blanca y crujiente. Se come cruda. Su sabor se parece a una combinación de una manzana o una pera crujiente y un rábano. Es fácil de conseguir en los mercados que venden productos hispanos y cada vez es más frecuente encontrarla también en todos los supermercados. No la guarde en el refrigerador, ya que debe mantenerse seca. Para comerla, quítele la cáscara y córtela en rodajas o palitos. A mí me gusta servirla cortada en juliana con este apetitoso aderezo para ensaladas, coronada con aguacate cortado en cubitos. Este aderezo también es delicioso con una ensalada de lechugas. —Malena

Cebolla roja cortada en juliana, ½,

Jugo de limón recién exprimido, 2 cucharadas

Vinagre rojo, 1 cucharada

Hojas de cilantro finamente picadas, 1 cucharada

Sal, ¼ de cucharadita

Pimienta negra molida, ⅛ de cucharadita

Tiempo de preparación: 10 minutos | **Tiempo total:** 40 minutos
4 Porciones (aproximadamente 2 cucharadas por porción)

---

1 Combine todos los ingredientes en un recipiente de vidrio. Mezcle bien. Deje reposar unos 30 minutos para que los sabores se combinen.

Información por porción
Calorías, 10
Grasa total, 0.0 g
    Grasas saturadas, 0.0 g
    Grasas trans, 0.0 g
    Grasa poliinsaturada, 0.0 g
    Grasa monoinsaturada 0.0 g
Carbohidratos total, 2 g
    Fibra dietética, 0 g
    Azúcar, 1 g
Proteínas, 0 g
Sodio, 148 mg

ensalada deliciosa de brócoli

Mayonesa baja en grasa, ¼ de taza

Miel de abejas, 1 cucharada

Vinagre de sidra de manzana, 1 cucharada

Floretes de brócoli, crudos, 2 tazas

Pasas, ¼ de taza

Nueces de Castilla picadas, ¼ de taza

Semillas de ajonjolí tostadas y saladas (opcional), 2 cucharaditas

Cada vez que preparo esta ensalada para una fiesta, es el primer plato que se acaba; y muchas personas me piden la receta. Esta receta es una forma deliciosa de disfrutar el brócoli, una gran fuente de nutrición. —Maya

---

Tiempo de preparación: 10 minutos | **Tiempo total:** 10 minutos | **6 Porciones**

1 En un recipiente de vidrio, combine la mayonesa, la miel de abeja y el vinagre. Mezcle bien.

2 Agregue el brócoli, las pasas y las nueces; y mezcle bien.

3 Antes de servir, rocíe semillas de ajonjolí.

Información por porción
Calorías, 101
Grasa total, 6.7 g
    Grasas saturadas, 0.8 g
    Grasas trans, 0.0 g
    Grasa poliinsaturada, 4.2 g
    Grasa monoinsaturada 1.3 g
Carbohidratos total, 10 g
    Fibra dietética, 1 g
    Azúcar, 8 g
Proteínas, 2 g
Sodio, 93 mg

ensalada de manzana, apio y aguacate

Mi madre prepara esta ensalada en verano y a toda la familia le encanta.
—Martín

Tiempo de preparación: 20 minutos | **Tiempo total:** 45 minutos | **6 Porciones**

1 En un recipiente pequeño, cubra las pasas con el vino tinto. En recipientes separados, sumerja el apio en agua fría y las manzanas en agua fría salada o rocíelas con jugo de limón recién exprimido. Deje reposar 30 minutos. Escúrralos bien y resérvelos.

2 Mientras tanto, coloque las almendras en una sartén a fuego medio. Tueste las almendras, revolviendo con frecuencia, de 5 a 7 minutos, hasta que las almendras estén ligeramente doradas. No las deje desatendidas y tenga cuidado de que no se quemen.

3 En un recipiente grande, combine las pasas, el apio, las manzanas, las almendras, el aguacate, el jugo de limón, el yogur y la mayonesa. Mezcle bien y sazone con pimienta. Sirva inmediatamente.

Pasas, ½ taza

Vino tinto, ½ taza

Apio picado, 4 tallos

Manzanas Granny Smith (manzanas verdes y ácidas) sin corazón, cortadas en cuadraditos, 3

Almendras fileteadas o en rebanadas, ½ taza

Aguacate pelado, sin semilla y cortado en cuadrados, 1

Jugo de limón recién exprimido, 1 cucharadita

Yogur griego natural o de vainilla sin grasa, ½ taza

Mayonesa baja en grasa, ¼ de taza

Pimienta negra molida, ¼ de cucharadita o al gusto

Remojar las manzanas en agua salada o rociarlas con jugo de limón evitará que se pongan negras.

Información por porción
Calorías, 205
Grasa total, 10.9 g
    Grasas saturadas, 1.4 g
    Grasas trans, 0.0 g
    Grasa poliinsaturada, 3.2 g
    Grasa monoinsaturada 5.6 g
Carbohidratos total, 26 g
    Fibra dietética, 5 g
    Azúcar, 17 g
Proteínas, 5 g
Sodio, 139 mg

ensalada de pimiento morrón rojo y naranjas

Lechuga romana cortada en tiras largas y delgadas, 1 cabeza

Naranjas peladas y cortadas en gajos, 3

Pimientos morrones rojos sin tallo y sin semillas, cortados en tiras delgadas, 2

Nueces de Castilla en mitades, ½ taza

Aceite de oliva extra virgen, ½ taza

Mostaza Dijon, 2 cucharadas

Miel de abejas, 2 cucharadas

Jugo de limón recién exprimido, 2 cucharadas

Sal y pimienta negra molida, al gusto

Para reducir las calorías de esta receta, sirva el aderezo a un lado. Vierta sólo una cucharada de aderezo sobre la ensalada inmediatamente antes de comerla.
—*Malena*

Tiempo de preparación: 20 minutos | **Tiempo total:** 20 minutos | **8 Porciones**

1 Coloque la lechuga, los gajos de naranja, el pimiento rojo y las nueces en una ensaladera y mezcle bien.

2 Para preparar el aderezo, combine el aceite, la mostaza, la miel de abejas, el jugo de naranja, la sal y la pimienta. Mezcle bien.

3 Para servir, ponga una porción de ensalada en cada plato, luego una cucharada de aderezo y revuelva.

Información por porción
Calorías, 226
Grasa total, 18.0 g
  Grasas saturadas, 2.3 g
  Grasas trans, 0.0 g
  Grasa poliinsaturada, 4.5 g
  Grasa monoinsaturada 10.5 g
Carbohidratos total, 17 g
  Fibra dietética, 4 g
  Azúcar, 13 g
Proteínas, 3 g
Sodio, 95 mg

ensalada de pera y queso roquefort

Lechuga romana, 1 cabeza, o 1 paquete (6 onzas) de lechuga y verduras de hoja mixtas o lechuga romana cortada o troceada

Naranjas peladas y separadas en gajos, 2, o puede usar 4 mandarinas peladas y separadas en gajos

Peras peladas, sin semillas y cortadas en cuadrados, 2

Nueces de Castilla picadas, ½ taza

Queso roquefort, desmenuzado, 2 onzas (aproximadamente ½ taza)

Arándanos secos, ¼ de taza

Jugo de naranja recién exprimido, ¼ de taza

Aceite de oliva extra virgen, 1 cucharada

Sal, al gusto

Esta refrescante ensalada es estupenda para las fiestas. La combinación de queso roquefort y pera es deliciosa. —Martín

---

Tiempo de preparación: 25 minutos | **Tiempo total:** 25 minutos | **8 Porciones**

1 Lave la lechuga con agua fría y séquela con una toalla de papel. Colóquela en un recipiente grande y resérvela.

2 En otro recipiente, combine los gajos de naranja, las peras, las nueces, el queso roquefort y los arándanos; y revuelva para mezclarlo todo. Agregue esta mezcla a la lechuga.

3 En un recipiente de vidrio, combine el jugo de naranja y el aceite y agite vigorosamente para mezclarlos. Sazone con sal al gusto.

4 Para servir, vierta el aderezo sobre la ensalada y mezcle bien.

Información por porción
Calorías, 173
Grasa total, 9.4 g
   Grasas saturadas, 2.3 g
   Grasas trans, 0.1 g
   Grasa poliinsaturada, 3.9 g
   Grasa monoinsaturada 2.6 g
Carbohidratos total, 21 g
   Fibra dietética, 4 g
   Azúcar, 14 g
Proteínas, 4 g
Sodio, 122 mg

ensalada de tomate y pepino

Esta es una ensalada al estilo griego, fácil de preparar, deliciosa y nutritiva para toda su familia. —Malena

Tiempo de preparación: 15 minutos | **Tiempo total:** 30 minutos | **4 Porciones**

1 Combine todos los ingredientes en un recipiente grande de vidrio y mezcle bien.

2 Deje reposar 15 minutos para que los sabores se combinen. Pruebe la ensalada; y si es necesario, agregue sal y pimienta antes de servirla.

Tomates Roma, cortados en cuadraditos, 4

Pepinos pelados y picados en cuadraditos, 2

Cebollines picados, 4

Jugo de 2 limones

Aceite de oliva, 2 cucharadas

Ajo triturado, 2 dientes

Perejil de hoja lisa picado, 2 cucharadas

Sal y pimienta negra molida, al gusto

Información por porción
Calorías, 102
Grasa total, 7.2 g
    Grasas saturadas, 1.0 g
    Grasas trans, 0.0 g
    Grasa poliinsaturada, 0.8 g
    Grasa monoinsaturada 5.0 g
Carbohidratos total, 9 g
    Fibra dietética, 3 g
    Azúcar, 5 g
Proteínas, 2 g
Sodio, 13 mg

ensalada de berro y mango

Esta refrescante ensalada no sólo es deliciosa y nutritiva, también es muy atractiva. —Malena

Berro lavado, sin tallos y cortado, 1 libra

Espinaca, sin tallos y cortada, 1 taza

Mangos pelados, sin semilla y cortados en cuadrados, 2

Tomate cortado en cuadraditos, 1 grande

Pepino pelado y cortado en cuadraditos, 1

Cebolla roja finamente picada, ½

Vinagre balsámico o vinagre rojo, 2 cucharadas

Jugo de 1 limón

Sal y pimienta negra molida, al gusto

Tiempo de preparación: 30 minutos | **Tiempo total:** 30 minutos | **6 Porciones**

1 Combine todos los ingredientes en un recipiente grande de vidrio. Pruebe; y si es necesario, rectifique la sazón.

Información por porción
Calorías, 80
Grasa total, 0.4 g
    Grasas saturadas, 0.1 g
    Grasas trans, 0.0 g
    Grasa poliinsaturada, 0.1 g
    Grasa monoinsaturada 0.1 g
Carbohidratos total, 19 g
    Fibra dietética, 3 g
    Azúcar, 14 g
Proteínas, 3 g
Sodio, 39 mg

ensalada de manzana con maní y pasas

Manzanas peladas, sin corazón y cortadas en cuadraditos, 4

Jugo de limón recién exprimido, ¼ de taza

Jugo de naranja, ¼ de taza

Cacahuates (maní) tostados sin aceite y sin sal, picado, ½ taza

Pasas, ½ taza (aproximadamente 2 cajitas)

Yogur griego de vainilla bajo en calorías, 1 taza

Miel de abejas (opcional), 2 cucharadas

A los niños les encanta esta ensalada. Además de ser deliciosa, es fácil y divertida de preparar con su ayuda. —Martín

Tiempo de preparación: 15 minutos | **Tiempo total:** 45 minutos | **8 Porciones**

1 Remoje las manzanas cortadas en cuadraditos en agua salada por 30 minutos para evitar que se pongan oscuras. Escurra las manzanas y resérvelas.

2 Combine en un recipiente el jugo de limón y el jugo de naranja. Agregue las manzanas, los cacahuates (maní) y las pasas. Tape el recipiente y deje las manzanas marinando en el refrigerador por 15 minutos.

3 Escurra las manzanas y colóquelas en una ensaladera. Agregue el yogur y la miel de abejas. Mezcle bien.

Información por porción
Calorías, 131
Grasa total, 5.1 g
    Grasas saturadas, 0.7 g
    Grasas trans, 0.0 g
    Grasa poliinsaturada, 1.6 g
    Grasa monoinsaturada 2.5 g
Carbohidratos total, 18 g
    Fibra dietética, 2 g
    Azúcar, 13 g
Proteínas, 6 g
Sodio, 19 mg

ensalada de nopalitos

Esta receta es del libro de Olga V. Fusté *Cocinando para* Latinos con Diabetes (Diabetic Cooking for Latinos), *publicado por la American Diabetes Association. Los nopales son las hojas del cactus nopal ("prickly pear cactus" o tuna). Son muy comunes en la cocina mexicana y el suroeste de los Estados Unidos y tienen un sabor parecido al de las habichuelas tiernas o judías verdes. Si compra nopales frescos, tendrá que quitarles las espinas antes de prepararlos. Póngase guantes de trabajo o sostenga las hojas con unas pinzas, recorte los bordes de las hojas y el extremo por el que estaban conectadas a la planta. Pele las espinas de ambas caras de las hojas. Para este fin puede usar un cuchillo o un pelador de vegetales.*

Puede variar esta receta de diversas maneras agregándole más aguacate, ponerle menos cilantro, un ají jalapeño fresco para darle picor, queso fresco. Las posibilidades son infinitas. A nosotros nos gusta hervir los nopales para después saltearlos con cebolla y pimiento morrón rojo antes de hacer la ensalada. En realidad es muy fácil crear su propia receta.

Nopales frescos o enlatados, 1 libra

Cebolla blanca, cortada en trozos grandes, ½ grande

Sal, ½ cucharadita

Tomates pelados y picados, 2 medianos, o 1 lata (14 onzas) escurrida

Hojas de cilantro finamente picadas, ½ taza

Jugo de limón recién exprimido, 2 cucharaditas

Aguacate pelado, sin semilla y cortado en cuadrados, ½ mediano

Queso fresco rallado, ¼ de taza

Tiempo de preparación: 20 minutos | **Tiempo total:** 1 hora y 30 minutos | **6 Porciones**

1 Si usa nopales frescos, lávelos y séquelos suavemente sin frotar. Corte en trocitos de ½ pulgada. Si usa nopales enlatados, escúrralos, lávelos bien y córtelos en cuadros.

2 Cocine los nopales por 5 minutos en agua hirviendo con la cebolla y la sal. Escurra y enjuague con agua fría. Deseche la cebolla.

3 En un recipiente mediano, combine los nopales, los tomates, el cilantro y el jugo de limón. Enfríe en el refrigerador por lo menos 1 hora. Antes de servir, agregue el aguacate y adorne con queso fresco. Acompañe esta ensalada con tortillas.

Información por porción
Calorías, 58
Grasa total, 3.4 g
    Grasas saturadas, 1.2 g
    Grasas trans, 0.0 g
    Grasa poliinsaturada, 0.3 g
    Grasa monoinsaturada 1.7 g
Carbohidratos total, 5 g
    Fibra dietética, 3 g
    Azúcar, 2 g
Proteínas, 3 g
Sodio, 97 mg

ensalada fácil de jícama, manzana y zanahoria con vinagreta de limón

Zanahorias, 3

Jicama, 1 mediana

Manzana Granny Smith (manzana verde y ácida), 1

Limones, 3

Tomate cortado en cuadraditos, 1 grande

Pasas, ¼ de taza

Hojas de cilantro finamente picadas, ¼ taza

Aceite de canola, 1 cucharada

Ajo triturado, 1 cucharadita

Pimienta de Cayena (opcional), 1 pizca

Sal kosher, al gusto

Esta refrescante ensalada es un acompañante delicioso para camarones o pollo a la parrilla. Si lo desea, puede agregar un toque de miel de abejas al final.
—Maya

Tiempo de preparación: 20 minutos | **Tiempo total:** 20 minutos | **6 Porciones**

1 Pele las zanahorias y la jícama. Retire y deseche la capa fibrosa de la jícama.

2 Corte las zanahorias, la jícama y la manzana en trozos. Para poder echarlos por la abertura superior del procesador de alimentos. Para rallar las zanahorias, la jícama y la manzana rápidamente, use el disco para rallar.

3 Coloque las zanahorias, la jícama y la manzana ralladas en un recipiente de vidrio. Cubra inmediatamente con el jugo de un limón para evitar que la manzana se ponga negra. Agregue a la mezcla el tomate, las pasas y el cilantro.

4 En un recipiente pequeño aparte, combine el aceite de canola, el ajo, el jugo de dos limones y la pimienta de Cayena.

5 Vierta el aderezo sobre la mezcla de vegetales. Revuelva para mezclar la ensalada. Agregue sal al gusto y sirva.

Información por porción
Calorías, 118
Grasa total, 2.7 g
   Grasas saturadas, 0.2 g
   Grasas trans, 0.0 g
   Grasa poliinsaturada, 0.8 g
   Grasa monoinsaturada 1.5 g
Carbohidratos total, 24 g
   Fibra dietética, 8 g
   Azúcar, 11 g
Proteínas, 2 g
Sodio, 31 mg

ensalada al estilo del restaurante tarasco's

Zanahorias picadas en trozos grandes, 1½ tazas

Apio cortado en trozos grandes, 1¼ tazas

Cebolla picada, ¼ de taza

Azúcar, 1 cucharada

Vinagre de sidra de manzana, ½ taza

Aceite de canola, ¼ de taza

Sal, ½ cucharadita

Variedad de lechugas orgánicas mezcladas con espinaca tierna y rúcula (arúgula, rúgula), lavadas y secas, 1 paquete (10 onzas)

Manzanas Granny Smith (verdes y ácidas) peladas, sin corazón y cortadas en rodajas, 2

Albaricoques pelados, sin semilla y cortados en rodajas, 2, o puede usar 10 fresas cortadas en rodajas

Pecanas o nueces de Castilla, ½ taza

Queso parmesano rallado, al gusto

Queso cotija desmigado (opcional), al gusto

Esta receta proviene de un restaurante de Denver, Colorado que se llama Tarasco's New Latino Cuisine, propiedad de Noé Bermúdez. Noé se enorgullece de servir platos mexicanos saludables en su restaurante. El queso cotija puede encontrarse en mercados que venden productos hispanos. Si no lo consigue, puede usar queso parmesano en su lugar. —Maya

Tiempo de preparación: 20 minutos | **Tiempo total:** 20 minutos | **5 Porciones**

1 Para preparar el aderezo, combine en una licuadora las zanahorias, el apio, la cebolla, el azúcar, el vinagre de sidra de manzana, el aceite de canola y la sal; y licúe bien.

2 Coloque un puñado de verduras de hojas mixtas en cada plato y cubra con las manzanas, los melocotones y las pecanas. Rocíe los quesos.

3 Agregue el aderezo a la ensalada inmediatamente antes de servirla. Si guarda la ensalada en un frasco de vidrio tapado, puede durar refrigerado aproximadamente una semana.

Información por porción
Calorías, 269
Grasa total, 19.8 g
    Grasas saturadas, 1.6 g
    Grasas trans, 0.0 g
    Grasa poliinsaturada, 5.6 g
    Grasa monoinsaturada 11.9 g
Carbohidratos total, 23 g
    Fibra dietética, 5 g
    Azúcar, 16 g
Proteínas, 3 g
Sodio, 297 mg

ensalada waldorf clásica

Esta ensalada clásica es un acompañante delicioso para el pavo de la cena navideña. Me trae recuerdos de las cenas exquisitas que mi mamá solía hacernos en Navidad en Perú. Encontrará la receta del pavo al horno en la página 136. —Maya

---

Tiempo de preparación: 20 minutos | **Tiempo total:** 20 minutos | **5 Porciones**

1 Coloque en un recipiente las manzanas cortadas en cuadrados y agrégueles el jugo de limón para evitar que se pongan oscuras. Revuelva bien para cubrir las manzanas con el jugo.

2 En un recipiente de vidrio, combine todos los demás ingredientes, menos las hojas de lechuga y mezcle bien. Pruebe y si es necesario, rectifique la sazón.

3 Transfiera a una bandeja o sirva en platos individuales. Si desea puede servir la ensalada sobre una hoja de lechuga.

Manzanas Granny Smith (manzanas verdes y ácidas) peladas, sin corazón y cortadas en cuadrados, 4

Jugo de 1 limón

Apio picado, ½ taza

Pasas, ¼ de taza

Uvas rojas cortadas por la mitad, ¼ de taza

Nueces de Castilla cortadas en trozos, ¼ de taza

Mayonesa baja en grasa, ¼ de taza

Sal y pimienta negra molida, al gusto

Hojas de lechuga (opcional), 5 ó 6

Información por porción
Calorías, 153
Grasa total, 8.1 g
    Grasas saturadas, 1.0 g
    Grasas trans, 0.0 g
    Grasa poliinsaturada, 5.0 g
    Grasa monoinsaturada 1.5 g
Carbohidratos total, 22 g
    Fibra dietética, 2 g
    Azúcar, 16 g
Proteínas, 2 g
Sodio, 113 mg

sopas y caldos

caldo tlalpeño

Cebolla picada, ½ taza

Ajo, 2 dientes

Zanahorias cortadas en rodajas, 4

Caldo de pollo bajo en sodio, 6 tazas

Pechugas de pollo con hueso y sin piel, 3

Epazote, 1 ramita

Garbanzos crudos, remojados de un día para otro y escurridos, 1 taza

Sal, al gusto

Guarniciones:
Hojas de cilantro picadas, ¼ de taza

Aguacate pelado, sin semilla y cortado en cuadrados, 1

Chile chipotle en adobo, picado, 1 cucharadita

Jugo de 1 ó 2 limones

Este caldo es un plato clásico mexicano. Se originó en la pintoresca área de Tlalpan, en la zona sur de la Ciudad de México. Es lo suficientemente sustanciosa como para servirla como plato único y es fácil de preparar en una olla eléctrica de cocción lenta. El epazote es una hierba aromática con un sabor característico que se usa en muchos platos mexicanos. Puede comprarse en mercados que venden frutas y vegetales hispanos. Y si no puede agregarle el epazote a esta sopa, de todas formas tendrá un sabor delicioso. —Martín

Tiempo de preparación: 20 minutos | **Tiempo total:** de 6 a 8 horas | **6 Porciones**

1 Rocíe el fondo de una sartén con un rociador de aceite. Agregue la cebolla y el ajo y a fuego medio sofríalos de 5 a 7 minutos, o hasta que la cebolla se ponga transparente.

2 Agregue las zanahorias a la sartén y siga cocinándolas, revolviendo frecuentemente, de 5 a 7 minutos.

3 Mientras tanto, coloque el caldo de pollo y las pechugas de pollo en una olla eléctrica de cocción lenta. Añada el epazote fresco y los garbanzos escurridos.

4 Agregue a la olla de cocción lenta la mezcla de cebolla y zanahoria; y cocine de 6 a 8 horas a baja temperatura.

5 Al final del tiempo de cocción, saque de la olla de cocción lenta las pechugas de pollo y corte o desmenuce la carne. Resérvelas. Revuelva el caldo para que se mezclen bien los ingredientes. Pruebe el caldo y si es necesario, agregue sal. Para servir, use un cucharón para repartir el caldo en platos hondos y agregue una porción de pollo. Adorne con cilantro, aguacate cortado en cuadrados, chile chipotle y jugo de limón recién exprimido.

Información por porción
Calorías, 294
Grasa total, 7.8 g
    Grasas saturadas, 1.3 g
    Grasas trans, 0.0 g
    Grasa poliinsaturada, 1.8 g
    Grasa monoinsaturada 3.6 g
Carbohidratos total, 28 g
    Fibra dietética, 9 g
    Azúcar, 7 g
Proteínas, 28 g
Sodio, 597 mg

crema de espinacas al estilo peruano

Esta sopa es excelente para los niños porque no se dan cuenta de que están comiendo vegetales. Mi mamá la hacía para nuestra familia y yo la sigo haciendo para la mía. Es mejor no usar mucha sal, porque a cada plato se le espolvorea con un poco de queso parmesano, que es bastante salado. Si lo desea, también puede adornar cada plato con un poco de pan cortado en cuadraditos y tostado en el horno. —Maya

Salsa blanca (página 17), 1 taza

Mantequilla, 2 cucharadas

Aceite de canola, ½ cucharadita

Ajo triturado, 1 diente

Espinaca fresca, 2 libras, o 2 paquetes (8 onzas) de espinaca congelada, descongelada y bien escurrida

Sal, 1 pizca

Caldo de pollo o de vegetales bajo en sodio, 4 tazas, en partes

Leche evaporada sin grasa, 1 lata (12 onzas)

Queso parmesano rallado, 3 cucharadas

Pan cortado en cubitos y tostado en el horno, opcional

Tiempo de preparación: 20 minutos | **Tiempo total:** de 45 minutos a 1 hora | **6 Porciones**

1 En una olla grande y gruesa, prepare la salsa blanca que servirá de base para la sopa y resérvela.

2 En otra olla o en una sartén, derrita 2 cucharadas de mantequilla con el aceite para evitar que se queme. Agregue el ajo, la espinaca y una pizca de sal. Sofría ligeramente hasta que la espinaca se haya marchitado (si usa espinaca congelada, cocínela hasta que se haya calentado bien y esté fragante, varios minutos). Por partes transfiera la espinaca cocida a una licuadora y haga un puré agregando de 1 a 2 tazas de caldo.

3 Agregue la espinaca licuada, el resto del caldo y la leche evaporada a la olla donde tiene preparada la salsa blanca. Mezcle bien y cocine por aproximadamente 5 minutos a fuego medio.

4 Use un cucharón para servir la sopa en platos individuales. Adorne con queso parmesano y pan cortado en cubitos y tostado.

Información por porción
Calorías, 200
Grasa total, 10.4 g
    Grasas saturadas, 6.1 g
    Grasas trans, 0.3 g
    Grasa poliinsaturada, 0.7 g
    Grasa monoinsaturada 3.0 g
Carbohidratos total, 16 g
    Fibra dietética, 3 g
    Azúcar, 10 g
Proteínas, 12 g
Sodio, 803 mg

pozole rápido

Este sustancioso caldo es ideal para reuniones casuales con los amigos y la familia. Es divertido usar platos hondos o tazones de cerámica mexicana tradicionales para servirla y dejar que sus invitados disfruten añadiéndole las guarniciones. —Malena y Martín

Tiempo de preparación: 15 minutos | **Tiempo total:** de 45 minutos a 1 hora | **8 Porciones**

1 Coloque el pollo en una olla con el caldo de pollo. Hágalo hervir por 10 minutos, hasta que el pollo esté cocido. Saque el pollo, déjelo enfriar y desmenúcelo. Reserve el caldo.

2 En una olla grande a fuego medio, sofría la cebolla y el ajo en aceite de canola por 3 minutos. Agregue el maíz pozolero ("hominy") a la sartén con el ajo y la cebolla; y cocine a fuego medio por 5 minutos, revolviendo con frecuencia. Agregue el pollo deshilachado a la mezcla con el maíz pozolero.

3 Aparte, en una sartén seca, ase los tomates a fuego medio, dándoles la vuelta para que se cocinen por ambas caras, 10 minutos o hasta que la piel se haya ablandado y se haya oscurecido.

4 En una licuadora o un procesador de alimentos, triture los tomates asados, el chile chipotle y el chile en polvo con una taza del caldo de pollo que reservó, hasta obtener una mezcla cremosa y uniforme.

5 Agregue la mezcla de tomate y el resto del caldo a la olla con el pollo y el maíz para pozole y deje hervir. Baje el fuego al mínimo, tape la olla y cocine a fuego lento por 15 minutos. Pruebe y agregue más agua o sal, según sea necesario.

6 Sirva caliente en platos individuales. Agregue jugo de limón al gusto y adorne con las guarniciones según su preferencia.

Pechugas de pollo sin piel y sin hueso, 2

Caldo de pollo bajo en sodio, 4 ó 5 tazas

Cebolla picada, 1 pequeña

Ajo triturado, 2 dientes

Aceite de canola, 1 cucharada

Maíz para pozole ("hominy") escurrido, 1 lata (29 onzas)

Tomates, 2 grandes

Chile chipotle en adobo, finamente picado, 1

Chile en polvo, 1 cucharadita

Guarniciones:
Hojas de cilantro picadas

Repollo finamente picado

Rabanitos cortados en rodajas finas

Cebolla picada

Limones cortados en rodajas, 2

Información por porción
Calorías, 134
Grasa total, 3.5 g
   Grasas saturadas, 0.5 g
   Grasas trans, 0.0 g
   Grasa poliinsaturada, 1.1 g
   Grasa monoinsaturada 1.6 g
Carbohidratos total, 15 g
   Fibra dietética, 3 g
   Azúcar, 4 g
Proteínas, 10 g
Sodio, 389 mg

sopa de puerros con papas y chorizo italiano

Papas peladas y cortadas en juliana
(tiras delgadas), 6

Chorizo italiano de pavo, sin piel
exterior (opcional), ½ libra

Ajo triturado, 2 cucharaditas, en partes

Comino molido, 2 cucharaditas, en partes

Albahaca seca, 2 cucharaditas, en partes

Puerros, 3

Mantequilla, 3 cucharadas

Aceite de canola, 1½ cucharaditas

Leche descremada mitad leche mitad
crema ("half and half") (opcional), 1
taza

Leche (descremada al 1%), 5 tazas

**Información por porción (con
salchicha)**
Calorías, 252
Grasa total, 9.5 g
  Grasas saturadas, 4.5 g
  Grasas trans, 0.3 g
  Grasa poliinsaturada, 1.2 g
  Grasa monoinsaturada 3.0 g
Carbohidratos total, 31 g
  Fibra dietética, 2 g
  Azúcar, 10 g
Proteínas, 12 g
Sodio, 349 mg

**Información por porción (sin
salchicha)**
Calorías, 210
Grasa total, 6.9 g
  Grasas saturadas, 3.8 g
  Grasas trans, 0.2 g
  Grasa poliinsaturada, 0.6 g
  Grasa monoinsaturada 2.1 g
Carbohidratos total, 31 g
  Fibra dietética, 2 g
  Azúcar, 10 g
Proteínas, 7 g
Sodio, 117 mg

*Esta es la sopa que a mi esposo Tom le gusta preparar y a nuestra familia le
encanta. Como el chorizo italiano puede ser muy salado, normalmente no es
necesario agregar sal. Pruebe la sopa antes de servirla y agregue más sal sólo
si fuera necesario. Puede omitir el chorizo si desea que la sopa sea vegetariana.
—Maya*

Tiempo de preparación: 30 minutos | **Tiempo total:** 2 horas | **8 Porciones**

1 Coloque las papas en una olla con la suficiente cantidad de agua para
cubrirlas. Déjelas hervir por 30 minutos o hasta que pueda introducir
con facilidad un cuchillo en las papas. Retire del fuego, pero no
escurra las papas.

2 En una sartén a fuego medio, fría el chorizo junto con una cucharadita
de ajo, 1 cucharadita de comino y 1 cucharadita de albahaca. Deshaga
el chorizo en trozos pequeños y fríalo hasta que esté bien cocido.
Retire el chorizo a un plato cubierto con toallas de papel y séquelo sin
frotar para retirarle todo el exceso de grasa.

3 Corte los puerros a lo largo y lávelos bien para quitarles la arenilla que
pueda haber atrapada entre las hojas. Corte la parte blanca y la parte de
color verde pálido en rodajas de 1 cm y lávelas bien en un colador.

4 En una olla gruesa, coloque la mantequilla con el aceite de canola para
evitar que se queme. Agregue el resto del ajo, el comino y la albahaca
y cocine por 2 minutos a fuego medio.

5 Agregue el puerro y sofríalo hasta que se ponga transparente. Agregue
el chorizo, la leche mitad leche mitad crema ("half and half") y las
papas junto con el agua donde se cocieron. Mezcle bien y cocine de
5 a 10 minutos. Agregue la leche y deje que hierva. Baje la intensidad
del fuego y cocine a fuego lento por 30 minutos. Sirva en tazones para
sopa.

aguadito

El aguadito es una sopa peruana. Se parece al tradicional plato de arroz con pollo, pero con gran cantidad de líquido. Yo la llamo "la sopa milagrosa" porque si recibe visitas inesperadas, sólo tiene que agregar más caldo o agua para que alcance para todos. El sabor sigue siendo casi el mismo incluso si se le agrega agua. La receta original se hace con pollo, carne de res o mariscos. En su lugar, esta versión rápida lleva imitación de cangrejo (o de jaiba). Es fácil, sabrosa, económica e igualmente nutritiva. Si desea un ligero picor y un gran sabor, agréguele un poquito de ají amarillo o salsa peruana de ají amarillo "de mentirita" (página 15) a su plato. —Maya

Tiempo de preparación: 30 minutos | **Tiempo total:** 1 hora | **10 Porciones**

1 Rocíe el fondo de una olla grande y gruesa con un rociador de aceite. Sofría la cebolla, el ajo, el comino y la pimienta a fuego medio hasta que la cebolla se ponga transparente.

2 Haga un puré de hojas de cilantro en una licuadora con ½ taza de agua.

3 Agregue el puré de cilantro y el arroz integral a la cebolla. Continúe sofriendo unos minutos para que el arroz absorba el sabor del cilantro. Seguidamente, añada el resto de los ingredientes, menos la sal y el cangrejo. Deje que hierva. Luego, baje el fuego y déjelo cocinar, tapado, de 25 a 30 minutos o hasta que el arroz esté cocido.

4 Agregue la carne de imitación de cangrejo y siga cocinando 5 a 10 minutos más.

5 Pruebe y si es necesario, agregue sal. Sirva con limón cortado en cuartos para exprimirlos sobre la sopa o con la salsa de ají amarillo "de mentirita" (página 15).

Cebolla roja picada, 1 taza

Ajo triturado, 1 cucharada

Comino molido, 1 cucharadita

Pimienta negra molida, ¼ de cucharadita

Hojas de cilantro, 1 taza llena compacta

Agua, ½ taza

Arroz integral sin cocer, ½ taza

Apio finamente picado, 1 taza

Pimiento morrón verde, sin tallo y sin semillas, picado, 1 taza

Pimiento morrón rojo, sin tallo y sin semillas, picado, 1 taza

Maíz congelado, 1 taza

Arvejas (guisantes, chícharos) y zanahorias congeladas, 1 taza

Caldo de pollo bajo en sodio, 10 tazas

Cerveza (opcional), 1 botella

Carne de imitación de cangrejo, 2 tazas

Sal, al gusto

Limones cortados en rodajas, 2

Salsa peruana de ají amarillo "de mentirita" (página 15) (opcional)

Información por porción
Calorías, 111
Grasa total, 0.7 g
   Grasas saturadas, 0.1 g
   Grasas trans, 0.0 g
   Grasa poliinsaturada, 0.2 g
   Grasa monoinsaturada 0.2 g
Carbohidratos total, 20 g
   Fibra dietética, 2 g
   Azúcar, 5 g
Proteínas, 6 g
Sodio, 745 mg

crema de zapallo al estilo peruano

Zapallo o calabaza ("butternut squash") pelado, sin semillas y cortado en trozos grandes, 2 libras, o 2 cajas (14 onzas) de calabaza congelada

Camotes o batatas pelados y cortados en trozos grandes, 4 grandes

Mantequilla, 2 cucharadas

Harina, 3 cucharadas

Leche (descremada) a temperatura ambiente, 2 tazas

Ajo triturado, 1 diente

Pimienta blanca molida, ⅛ de cucharadita

Nuez moscada molida, ⅛ de cucharadita

Sal, ½ cucharadita o al gusto

Caldo de pollo o de vegetales bajo en sodio, 1 taza

Leche evaporada sin grasa, 1 lata (12 onzas)

Hojas de yerba buena o menta secas y desmenuzadas, 1 cucharadita

Queso parmesano o queso fresco, desmenuzado, 4 cucharadas

Pan cortado en cubitos y tostado en el horno, opcional

Información por porción
Calorías, 242
Grasa total, 4.4 g
   Grasas saturadas, 2.7 g
   Grasas trans, 0.2 g
   Grasa poliinsaturada, 0.3 g
   Grasa monoinsaturada 1.0 g
Carbohidratos total, 43 g
   Fibra dietética, 6 g
   Azúcar, 12 g
Proteínas, 9 g
Sodio, 376 mg

Mi mamá nos preparaba esta sopa en invierno, cuando hacía frío y a nosotros nos encantaba. Yo se la preparo a mi familia y les encanta también. —Maya

Tiempo de preparación: 15 minutos | **Tiempo total:** 1 hora | **8 Porciones**

1 Coloque el zapallo y los camotes en una olla con suficiente cantidad de agua para cubrirlos. Deje hervir hasta que estén muy blandos. Colóquelos en una licuadora junto con un poco del agua en que se cocinaron y licúe bien. También puede usar una licuadora de mano para triturarlos en la misma olla.

2 Aparte, en una grande y gruesa, a fuego medio-alto, derrita la mantequilla y sofría la harina, moviéndola constantemente con una cuchara de madera por 4 a 5 minutos, hasta que la harina esté completamente cocida y tome un color ligeramente dorado. Caliente 1 taza de leche y agréguela poco a poco, moviendo constantemente para evitar que se formen grumos. Agregue el ajo, la pimienta blanca, la nuez moscada molida y la sal; y cocine aproximadamente 2 minutos más.

3 Vierta en la olla la mezcla de zapallo y camotes licuados y el caldo de pollo. Deje hervir. Baje el fuego y cocine a fuego lento por 10 minutos.

4 Agregue la leche evaporada. Luego, esparza las hojas secas de yerba buena o menta bien frotada con la palma de sus manos y revuelva bien para incorporarlas. Pruebe y si es necesario, agregue más sal, pero recuerde que antes de servir aún le queda poner el queso parmesano o el queso fresco encima, que son muy salados. Cocine por 5 minutos más o hasta que esté bien caliente.

5 Sirva en tazones para sopa. Adorne cada porción con queso desmenuzado o si desea, también con pan cortado en cubitos y tostado.

caldo de res al estilo mexicano

Carne de res magra para guisar, cortada en trozos medianos, 1 libra

Cebolla cortada en cuartos, 1

Papas peladas y cortadas por la mitad, 2

Batatas o camotes pelados y cortados en rodajas gruesas, 2

Zanahorias peladas, cortadas en rodajas, 4

Maíz, 1 mazorca, cortada en 6 trozos

Apio cortado en rodajas, 4 tallos

Calabacín sin pelar, cortado en trozos medianos, 2

Repollo, ¼, cortado en 4 trozos

Agua, 5 ó 6 tazas

Sal, ½ cucharadita o al gusto

Este delicioso caldo es muy fácil de preparar usando una olla eléctrica de cocción lenta. Sin embargo, también puede cocinarse en la estufa para acortar el tiempo de cocción. Si prefiere los sabores más fuertes, puede servirlo con especias y hierbas aromáticas, como por ejemplo cilantro picado, cebolla finamente picada, pimienta roja o salsas como las que se describen en la sección de salsas, en las páginas 12–17. —Martín

Tiempo de preparación: 20 minutos | **Tiempo total:** de 5 a 6 horas | **6 Porciones**

1 Coloque todos los ingredientes en una olla eléctrica grande de cocción lenta, comenzando por la carne en el fondo y terminando con el repollo arriba. Agregue de 5 a 6 tazas de agua y ½ cucharadita de sal.

2 Ponga la olla a temperatura alta durante 4 horas o a temperatura media durante 6 horas.

3 Cuando finalice el tiempo de cocción, pruebe y si es necesario, rectifique la sazón. Revuelva con cuidado para evitar que los vegetales se desbaraten. Sirva en tazones para caldo y si lo desea, agréguele más condimentos a cada porción.

Información por porción
Calorías, 247
Grasa total, 3.7 g
   Grasas saturadas, 1.4 g
   Grasas trans, 0.2 g
   Grasa poliinsaturada, 0.5 g
   Grasa monoinsaturada 1.7 g
Carbohidratos total, 36 g
   Fibra dietética, 7 g
   Azúcar, 7 g
Proteínas, 19 g
Sodio, 306 mg

notas

acompañantes

arroz con gandules y leche de coco

Arroz integral de grano extra largo, sin cocer, 2 tazas

Aceite de canola, 1 cucharada

Gandules congelados, 1 taza, descongelados, o 1 lata (10.5 onzas) escurridos, reservando el líquido

Sofrito de Malena (página 11), 1 cucharada

Leche de coco baja en grasa, 1 taza

Agua, 2 tazas

Los gandules se conocen con distintos nombres dependiendo del país: guandules, guandús, chícharos guandú, frijoles de palo. En inglés se llaman "green pigeon peas". Búsquelos enlatados o congelados en los mercados que venden productos hispanos. Parecen arvejas verdes (guisantes, chícharos) pequeños con ojos. Para hacer esta receta, reserve el líquido de la lata para añadirlo al final. Si no tiene el sofrito, añada un diente de ajo triturado y una cucharada de hojas de cilantro. Mi hijo Alexander, que tiene 8 años, me dijo que estaba seguro de que este plato es perfecto para los niños porque es su favorito. —Malena

---

Tiempo de preparación: 5 minutos | **Tiempo total:** 1 hora | **7 Porciones**

1 Lave bien el arroz y resérvelo.

2 En una olla gruesa con capacidad para 1 litro (4 cuartos) y que tenga tapa, caliente el aceite a fuego alto y sofría los gandules entre 1 y 3 minutos, hasta que se doren ligeramente.

3 Agregue el arroz, el sofrito, la leche de coco, el líquido que reservó de los gandules y 2 tazas de agua; y revuelva para que se mezclen. Deje hervir por 15 minutos a fuego medio, sin tapar la olla.

4 Baje el fuego al mínimo, tape la olla y cocine por 30 minutos.

5 Destape la olla y revuelva bien con un tenedor para mezclar el arroz y los gandules.

6 Tape la olla y cocine de 15 a 20 minutos más.

Información por porción
Calorías, 258
Grasa total, 5.7 g
   Grasas saturadas, 1.6 g
   Grasas trans, 0.0 g
   Grasa poliinsaturada, 1.4 g
   Grasa monoinsaturada 2.2 g
Carbohidratos total, 46 g
   Fibra dietética, 4 g
   Azúcar, 2 g
Proteínas, 6 g
Sodio, 23 mg

frijoles refritos de m y m

Esta es una deliciosa y saludable alternativa a la receta tradicional mexicana y por supuesto, con mucho sabor. Puede cocer los frijoles en una olla regular, una olla a presión o una olla eléctrica de cocción lenta. —Maya y Malena

Tiempo de preparación: 20 minutos (más el tiempo necesario para remojar los frijoles)
Tiempo total: de 3 a 4 horas | **10 Porciones**

Frijoles pintos secos, 1 libra (aproximadamente 2 tazas)

Ajo, 2 dientes

Agua, 6 tazas

Cebolla amarilla o roja finamente picada, ½

Aceite vegetal, 1 cucharada

Sal, al gusto

Comino molido, ½ cucharadita

1 Lave los frijoles y déjelos remojar de un día para otro. De ser posible, cambie el agua varias veces.

2 Escurra los frijoles y póngalos en una olla grande y gruesa o en una olla a presión con un diente de ajo. Agregue 6 tazas de agua para cubrir los frijoles. Deje hervir. Si está cocinando los frijoles en una olla regular, baje la intensidad del fuego al mínimo y cocine con la olla parcialmente tapada, de 2 a 2½ horas. Si usa una olla a presión, tendrá que cocinar los frijoles aproximadamente una hora, dependiendo de las instrucciones de su olla. Si usa una olla de cocción lenta, cocine los frijoles de 3 a 4 horas.

3 Escurra los frijoles cocidos y reserve el agua de la cocción. Use una licuadora o un procesador de alimentos para hacer un puré de los frijoles, agregándolos poco a poco con el agua que reservó de la cocción, aproximadamente de ½ a 1 taza cada vez, hasta que tengan una consistencia suave.

4 Caliente el aceite en una olla grande y sofría la cebolla hasta que esté dorada.

5 Pique finamente el resto del ajo. Agregue el ajo, la sal y el comino a la olla y mezcle bien.

6 Cuando la cebolla esté dorada, agregue el puré de frijoles. Cocine de 10 a 15 minutos, o hasta que los frijoles se hayan espesado. Pruebe y si es necesario, rectifique la sazón.

Información por porción
Calorías, 169
Grasa total, 2.1 g
    Grasas saturadas, 0.3 g
    Grasas trans, 0.0 g
    Grasa poliinsaturada, 0.6 g
    Grasa monoinsaturada 1.0 g
Carbohidratos total, 29 g
    Fibra dietética, 10 g
    Azúcar, 1 g
Proteínas, 10 g
Sodio, 2 mg

frijoles negros con arroz al estilo cubano

Mi buena amiga Carmita Timiraos, a quien considero mi mamá cubana, me enseñó a preparar este suculento plato.

Cocer los frijoles negros es fácil y económico. Primero, remoje los frijoles de un día para otro, cubiertos con agua. Antes de cocerlos, escurra los frijoles y agregue nueva agua del grifo. Puede cocer los frijoles en la estufa, en una olla a presión o en una olla eléctrica de cocción lenta. Para cocerlos en una olla en la estufa, agregue 3 tazas de agua por cada taza de frijoles y cocine a fuego medio, parcialmente tapada, por 1½ a 2 horas, retirando la espuma que se forme. En una olla a presión, los frijoles estarán listos en aproximadamente media hora. Si prefiere una olla eléctrica de cocción lenta, agregue 3 tazas de agua por cada taza de frijoles y cocine a temperatura baja durante 8 horas. —Maya

Aceite de canola, 1 cucharada

Cebolla roja finamente picada, ½ taza

Ajo triturado, 1 cucharada

Comino molido, ¼ de cucharadita

Orégano seco, ¼ de cucharadita

Sal marina, ¼ de cucharadita

Frijoles negros cocidos, 3 tazas, o 2 latas (15 onzas) de frijoles negros escurridos y reservando el líquido

Hojas de laurel, 2

Arroz integral o blanco cocido, 3 tazas

Aceite de oliva extra virgen, 6 cucharaditas

Tiempo de preparación: 10 minutos | **Tiempo total:** 30 minutos (más el tiempo necesario para cocinar los frijoles) | **6 Porciones**

1 Caliente el aceite en una olla grande y gruesa; sofría la cebolla hasta que esté transparente. Agregue el ajo, el comino, el orégano y la sal. Sofría por 2 minutos.

2 Agregue los frijoles y las hojas de laurel. Si usa frijoles enlatados, agregue una pequeña cantidad del líquido junto con los frijoles. Cocine a fuego medio de 5 a 8 minutos.

3 Retire las hojas de laurel.

4 Para servir, ponga aproximadamente ½ taza de arroz cocido en un plato y coloque encima ½ taza de frijoles negros. Rocíe por encima 1 cucharadita de aceite de oliva.

Información por porción
Calorías, 291
Grasa total, 8.2 g
    Grasas saturadas, 1.1 g
    Grasas trans, 0.0 g
    Grasa poliinsaturada, 1.7 g
    Grasa monoinsaturada 5.1 g
Carbohidratos total, 45 g
    Fibra dietética, 9 g
    Azúcar, 3 g
Proteínas, 10 g
Sodio, 105 mg

arroz integral con almendras

Arroz integral de grano largo, sin cocer, 1 taza

Aceite de canola, 1 cucharada

Cebolla picada, ¼ de taza

Ajo finamente picado, 1 diente

Caldo de vegetales sin grasa y bajo en sodio, 2 tazas

Hojas de cilantro picadas (opcional), 2 cucharadas

Comino molido, ¼ de cucharadita

Sal, ½ cucharadita o al gusto

Pimienta negra molida, ¼ de cucharadita

Almendras fileteadas, ⅓ de taza

Las almendras son una fuente rica de proteína y fibra; y aportan sabor y textura a sus platos. También puede agregar a esta receta pasas, cebolla roja en rodajas, albahaca picada o arándanos secos. Pruebe este plato frío como una ensalada, mezclado con espinaca tierna o rúcula (arúgula, rúgula) y rociado con un chorrito de aceite de oliva y jugo de limón recién exprimido. —Martín

Tiempo de preparación: 10 minutos | **Tiempo total:** 1 hora | **4 Porciones**

1 Lave bien el arroz integral y resérvelo.

2 Caliente el aceite de canola a fuego alto en una olla con capacidad para 2 cuartos (½ litro). Sofría la cebolla hasta que esté transparente. Agregue el ajo. Continúe sofriendo hasta que la cebolla y el ajo comiencen a dorarse.

3 Agregue el arroz y mezcle bien. Agregue el caldo, el cilantro, el comino, la sal y la pimienta y deje hervir por 5 minutos. Luego baje el fuego al mínimo, tape y cocine por 40 minutos, hasta que se haya absorbido todo el líquido.

4 Agregue las almendras y mezcle ligeramente con un tenedor. Tape y siga cocinando a fuego bajo por 10 minutos más antes de servir.

Información por porción
Calorías, 273
Grasa total, 9.8 g
    Grasas saturadas, 0.9 g
    Grasas trans, 0.0 g
    Grasa poliinsaturada, 2.7 g
    Grasa monoinsaturada 5.8 g
Carbohidratos total, 40 g
    Fibra dietética, 4 g
    Azúcar, 2 g
Proteínas, 6 g
Sodio, 369 mg

betabeles con salsa de limón

Esta exquisita salsa también es perfecta para los espárragos, las judías verdes (chauchas, vainitas o ejotes), las zanahorias y otras verduras cocidas. En lugar de crema agria, puede usar crema mexicana, que es una crema de sabor suave y menos agrio. Se consigue en los mercados que venden productos hispanos y en algunos supermercados generales.

También puede asar los betabeles (las remolachas). La técnica para asarlas es muy sencilla, les aporta un sabor magnífico y hace que luego sea muy fácil quitarles la cáscara. Precaliente el horno a 375 °F. Lave los betabeles, quíteles el tallo y colóquelos sobre una hoja grande de papel de aluminio. Rocíelos con aceite de oliva o de canola y envuélvalos bien con el papel de aluminio para que quede como un paquete. Ase las betabeles por una hora o hasta que estén blandos. Cuando se hayan enfriado lo suficiente como para manipularlos, podrá quitarles fácilmente la cáscara. —Martín

Betabeles (remolachas), 4 ó 6

Aceite de oliva, 1 cucharada

Cebolla blanca o amarilla finamente picada, 1 taza

Ajo triturado, 2 dientes

Crema agria baja en grasa o crema mexicana, 1 taza

Mostaza Dijon, 3 cucharadas

Sal, ¼ de cucharadita o al gusto

Pimienta negra molida, ¼ de cucharadita o al gusto

Jugo de limón recién exprimido, ¼ de taza

Perejil de hoja lisa picado, ¼ de taza

Tiempo de preparación: 15 minutos | **Tiempo total:** 30 minutos | **6 Porciones**

1 Antes de cocinar los betabeles, lávelos y frótelos para limpiarlos bien. Colóquelos en una olla con suficiente agua para cubrirlos y déjelos hervir. Baje el fuego a medio, tape la olla y cocínelos hasta que estén blandos y pueda pincharlos fácilmente con un tenedor o un cuchillo, aproximadamente 20 minutos. Escúrralos, pélelos y córtelos en rodajas. Resérvelos.

2 Caliente el aceite de oliva en una sartén a fuego medio y sofría la cebolla hasta que esté transparente. Agregue el ajo y sofríalo por 1 a 2 minutos.

3 Agregue la crema agria, la mostaza, la sal y la pimienta. Revuelva durante unos minutos hasta que esté todo bien mezclado.

4 Agregue el jugo de limón justo antes de servir. Si hace falta, agregue sal.

5 Coloque los betabeles en un plato para servir y con cuidado vierta por encima la salsa, sin cubrirlos por completo. Adorne con perejil picado. Sirva a temperatura ambiente.

Información por porción
Calorías, 125
Grasa total, 6.0 g
    Grasas saturadas, 3.0 g
    Grasas trans, 0.0 g
    Grasa poliinsaturada, 0.5 g
    Grasa monoinsaturada 2.4 g
Carbohidratos total, 14 g
    Fibra dietética, 2 g
    Azúcar, 9 g
Proteínas, 5 g
Sodio, 360 mg

ensalada de quinua

Quinua cruda, 1 taza

Agua, 2 tazas

Aceite de oliva extra virgen, 3 cucharadas

Vinagre rojo, 3 cucharadas

Tomates Roma, cortados en cuadraditos, 3

Cebollines finamente picados, 4 ó 5, o puede usar ½ cebolla roja finamente picada

Pimienta blanca molida, al gusto

Queso fresco o feta desmenuzado, ¼ de taza

Jugo de 1 limón

Hojas de cilantro picadas, ¼ de taza

Sal, al gusto

La quinua es nativa de Perú y los incas la consideraban un alimento sagrado. No contiene gluten y por lo tanto, es ideal para las personas que requieren una dieta sin gluten. Una taza de quinua cruda rinde aproximadamente 2 tazas después de cocida. Para esta receta se usa queso fresco, que es un queso de sabor suave y textura blanda y húmeda. —Maya

Tiempo de preparación: 30 minutos | **Tiempo total:** 1 hora y 30 minutos | **6 Porciones**

1 Lave la quinua en un recipiente grande con agua fría, frotando con fuerza los granos con sus dedos. Escurra la quinua usando un colador de malla fina y vuelva a lavarla con agua. Lave la quinua de cuatro o cinco veces, hasta que el agua salga limpia y no salga más espuma.

2 Deje hervir 2 tazas de agua y agregue la quinua. Hierva la quinua por 1 minuto, revuelva, baje el fuego al mínimo y cubra con una tapa. Cocine por aproximadamente 15 minutos o hasta que los granos broten, o sea, que parezcan medias lunas y también que el agua se haya absorbido. Sin embargo, tenga cuidado de no sobrecocinar la quinua.

3 Transfiera la quinua cocida a un recipiente de vidrio y refrigérela por lo menos unos 30 minutos.

4 Mientras tanto, prepare una vinagreta colocando el aceite de oliva y el vinagre en un recipiente de vidrio y batiendo vigorosamente con un tenedor hasta que se mezclen bien. Agregue los tomates cortados, los cebollines y pimienta blanca, al gusto. Refrigere 15 minutos.

5 Cuando la quinua esté fría, agregue la vinagreta, el queso fresco, el jugo de limón y el cilantro. Revuelva para mezclar la ensalada. Déjela reposar unos 15 minutos más para que los sabores se combinen. Pruebe y si lo desea, agregue sal.

Información por porción
Calorías, 202
Grasa total, 9.9 g
    Grasas saturadas, 1.9 g
    Grasas trans, 0.0 g
    Grasa poliinsaturada, 1.9 g
    Grasa monoinsaturada 6.0 g
Carbohidratos total, 23 g
    Fibra dietética, 4 g
    Azúcar, 4 g
Proteínas, 6 g
Sodio, 50 mg

La quinua contiene un compuesto químico llamado
saponina, que tiene un sabor amargo. Por eso es
importante lavar bien la quinua antes de cocerla para
eliminar la saponina, a menos que el empaque indique
que la quinua ha sido pre-lavada. Para que tenga un
mejor sabor, prefiero usar la quinua original y no la
versión de cocción instantánea o rápida.

pastelón de plátano maduro

Plátanos machos o maduros, 3

Azúcar morena, ½ cucharadita

Mantequilla ablandada, 1 cucharada

Canela molida, 2 cucharaditas

Queso mozzarella o Monterrey Jack bajo en grasa, 1 taza

Los plátanos machos o maduros son muy populares en Centroamérica y pueden usarse de muchas maneras. Esta receta es de mi querida tía Mathy y es absolutamente deliciosa. Puede comprar en la tienda plátanos machos ligeramente verdes y dejar que maduren en casa. Los plátanos machos están maduros cuando la cáscara se vuelve negra. —Malena

Tiempo de preparación: 10 minutos | **Tiempo total:** 45 minutos | **6 Porciones**

1 Precaliente el horno a 325 °F.

2 Corte los plátanos machos en tres partes, sin quitarles la cáscara. No es necesario que les quite los extremos. Coloque los plátanos machos en una olla con suficiente cantidad de agua para cubrirlos. Deje hervir por 10 minutos, hasta que los plátanos se hayan ablandado y la cáscara prácticamente se desprenda sola.

3 Retire la cáscara con un cuchillo y coloque los plátanos machos en un recipiente. Agregue azúcar morena, mantequilla y 1 cucharadita de canela molida. Aplaste bien los plátanos machos para hacerlos puré.

4 Engrase un molde para hornear cuadrado de 8 × 8 pulgadas. Coloque la mitad del puré (aproximadamente 1½ taza) en el fondo del molde y repártalo bien. Rocíe encima el queso. Coloque el resto del puré de plátano macho encima del queso y distribúyalo con cuidado. Rocíe por encima la cucharadita restante de canela molida. Hornee por 20 minutos.

5 Saque el molde de la bandeja y corte el pan en cuadrados. Sirva caliente como acompañante de guisos o como bocadillos.

Información por porción
Calorías, 213
Grasa total, 6.1 g
    Grasas saturadas, 3.6 g
    Grasas trans, 0.1 g
    Grasa poliinsaturada, 0.2 g
    Grasa monoinsaturada 1.5 g
Carbohidratos total, 39 g
    Fibra dietética, 3 g
    Azúcar, 17 g
Proteínas, 6 g
Sodio, 183 mg

vegetales a la parrilla

Me gusta usar una variedad de pimientos morrones de diferentes colores: rojos, amarillos, verdes e incluso anaranjados, si los consigo. Puede agregarle un toque picante a la preparación incluyendo chiles jalapeños o serranos, así como otros vegetales que le gusten. Puede asar los vegetales en una plancha o en una parrilla a carbón o a gas, usando una canastilla especial para asar verduras. —Maya

Pimientos morrones de cualquier color, 2 ó 3

Calabaza de verano ("yellow squash"), 1 ó 2

Calabacín, 1 ó 2

Cebolla cortada en seis trozos, 1

Pimienta con limón (condimento), al gusto

Tiempo de preparación: 15 minutos | **Tiempo total:** 30 minutos | **6 Porciones**

1 Corte el tallo y retire las semillas de los pimientos morrones. Corte los pimientos en aros delgados.

2 Corte la calabaza y el calabacín en rodajas delgadas.

3 Rocíe los pimientos y vegetales con un rociador de aceite de oliva. Áselos en una plancha o parrilla a fuego medio-alto. Espolvoréelos por encima con condimento de pimienta con limón. Ase los vegetales hasta que se doren, unos 5 minutos por cada lado.

Información por porción
Calorías, 32
Grasa total, 0.3 g
    Grasas saturadas, 0.1 g
    Grasas trans, 0.0 g
    Grasa poliinsaturada, 0.1 g
    Grasa monoinsaturada 0.0 g
Carbohidratos total, 7 g
    Fibra dietética, 2 g
    Azúcar, 4 g
Proteínas, 2 g
Sodio, 6 mg

platos
principales

rollos de pescado con cangrejo

Salsa blanca (página 17), ½ taza

Lenguado u otro pescado blanco (por ejemplo tilapia o pargo), 4 filetes

Sazonador para pescado, 1 cucharadita

Carne de cangrejo, escurrida, 1 lata (6 onzas)

Arvejas (guisantes, chícharos) congelados, 1 taza

Espárragos picados, 1 taza

Pimientos rojos asados y marinados, picados, 2 cucharadas

Albahaca fresca picada, 1 cucharada

Alcaparras escurridas, 2 cucharaditas

Pan rallado (pan molido), ¼ de taza

Esta receta es ideal para complacer a invitados. Podrá encontrar el sazonador para pescado en la sección de especias o de mariscos del supermercado. Los pimientos rojos asados también se consiguen en la mayoría de los supermercados. Busque pimientos rojos asados que estén marinados (normalmente vienen envasados en frascos), ya que tienen más sabor. —Malena

Tiempo de preparación: 20 minutos | **Tiempo total:** 45 minutos | **4 Porciones**

1 Precaliente el horno a 350 °F.

2 Prepare la salsa blanca y resérvela.

3 Rocíe el fondo de una bandeja para hornear con un rociador de aceite. Ponga los filetes de pescado en una bandeja para hornear y adóbelos con el sazonador para pescado. Reparta de manera uniforme los trozos de carne de cangrejo y colóquelos sobre cada filete.

4 Enrolle cada filete y asegúrelo con palillos de dientes largos. Si usa un pescado que es difícil de enrollar sin que se rompa, déjelo sin enrollar.

5 En un tazón, combine las arvejas (guisantes, chícharos), los espárragos, los pimientos rojos, la albahaca y las alcaparras. Esparza esta mezcla sobre el pescado. Cubra los filetes con la salsa blanca y espolvoree por encima el pan rallado.

6 Hornee, destapado, por 25 minutos.

Información por porción
Calorías, 280
Grasa total, 9.3 g
    Grasas saturadas, 5.0 g
    Grasas trans, 0.2 g
    Grasa poliinsaturada, 1.2 g
    Grasa monoinsaturada 2.6 g
Carbohidratos total, 18 g
    Fibra dietética, 3 g
    Azúcar, 6 g
Proteínas, 31 g
Sodio, 1216 mg

pachamanca al horno

Esta receta es originaria de la cultura inca del Perú. "Pachamanca" es una palabra en quechua, el idioma de los incas. "Pacha" significa tierra y "manca" significa olla. La manera tradicional de preparar la pachamanca es cocinarla en un hoyo en la tierra. El hoyo se cubre con piedras calientes; luego se colocan las carnes y los vegetales envueltos en hojas de plátano y se cubren con más piedras calientes. La versión que incluimos aquí es una alternativa fácil, rápida y más nutritiva para preparar esta receta. A mis hijos les gustaba mucho este plato cuando eran pequeños, porque los paquetes de papel de aluminio eran como sorpresas envueltas para ellos. Ahora, a mi hijo Chris, que es vegetariano, le gusta que le prepare esta receta sólo con vegetales. —Maya

Hojas de cilantro, 2 tazas, compactas

Espinaca fresca, 1 taza, compacta

Ajo triturado, 3 dientes

Comino molido, 1 cucharada

Sal, ½ cucharadita

Pimienta negra molida, ¼ de cucharadita

Agua, ½ taza

Muslos y contramuslos de pollo, sin piel, 3 de cada uno

Zanahorias cortadas en rodajas, 1 taza

Arvejas (guisantes, chícharos) congelados, 1 taza

Maíz congelado, 1 taza

Papas con cáscara cortadas en trozos medianos, 1 taza

Tiempo de preparación: 20 minutos | **Tiempo total:** 1 hora | **6 Porciones**

1 Coloque el cilantro, la espinaca, el ajo, el comino, la sal, la pimienta y ½ taza de agua en una licuadora. Licúe hasta que tenga la consistencia de una salsa. Vierta un tercio de esta mezcla en un recipiente y los otros dos tercios en otro recipiente.

2 Coloque el pollo en el recipiente con la menor cantidad de salsa y mezcle bien para cubrir el pollo con la salsa. Resérvelo. Coloque los vegetales en el otro recipiente con salsa y mezcle bien.

3 Corte seis láminas de papel pergamino en cuadrados de 12 × 12 pulgadas (30 cm × 30 cm).

4 Coloque una pieza de pollo en el centro de cada lámina de papel pergamino y cúbralo con un cucharón de los vegetales. Doble los bordes del papel de aluminio de forma tal que quede como un paquete. Asegúrese de cerrar bien los bordes, para que no quede ninguna abertura ni se salga el líquido.

5 Coloque todos los paquetes en una bandeja para hornear y cocínelos de 45 a 50 minutos a 375 °F. No es necesario precalentar el horno.

Información por porción
Calorías, 175
Grasa total, 4.6 g
  Grasas saturadas, 1.2 g
  Grasas trans, 0.0 g
  Grasa poliinsaturada, 1.1 g
  Grasa monoinsaturada 1.7 g
Carbohidratos total, 18 g
  Fibra dietética, 4 g
  Azúcar, 3 g
Proteínas, 16 g
Sodio, 281 mg

pescado en papillote

Esta es una de mis recetas favoritas. Envolver el pescado en papel pergamino realza el sabor del pescado y de las verduras. Además, es divertido armar el papillote. Los papillotes pueden hornearse o cocinarse a la parrilla. Si se cocina a la parrilla, envuelva el pescado en papel de aluminio sobre el papel pergamino. —Martín

Tiempo de preparación: 20 minutos | **Tiempo total:** de 30 a 45 minutos | **6 Porciones**

1 Precaliente el horno a 350 °F.

2 Sazone los filetes de pescado con sal, pimienta y comino. Resérvelos.

3 Prepare seis hojas cuadradas de aproximadamente 15 pulgadas (35 cm) de papel pergamino. Dóblelos por la mitad para hacer un pliegue.

4 Vierta 1 cucharada de aceite de oliva en cada lámina de papel, a un lado del pliegue. Sobre el aceite ponga unas cuantas tiras de cebolla y un filete de pescado. Ponga encima del filete aproximadamente 1 cucharada de tomate picado y cúbralo con pimientos morrones, más cebolla y un poquito de cilantro. Exprima por encima jugo de limón. Para cerrar cada paquete, doble el papel pergamino por el pliegue una cara sobre la otra y retuerza bien los bordes para cerrarlos, dándole al paquete forma de media luna o de una empanada.

5 Reparta los paquetes en dos bandejas para horno. No amontone los paquetes uno encima de otro. Hornee aproximadamente de 15 a 20 minutos o hasta que los paquetes se hayan hinchado con el vapor. Si cocina los paquetes en una parrilla, envuelva en pescado en papel de aluminio y cocine sobre una parrilla caliente entre 10 y 15 minutos.

6 Antes de abrir los paquetes, perfore con cuidado varios agujeros en el paquete con un tenedor o un cuchillo para dejar salir parte del vapor. Sirva dentro de los paquetes o pase el contenido a una bandeja o un plato.

Pescado blanco firme (por ejemplo tilapia, lenguado o trucha), 6 filetes

Sal y pimienta negra molida

Comino molido, ¼ de cucharadita

Aceite de oliva, 6 cucharaditas

Cebolla blanca cortada en tiras, 1 grande

Tomate picado, 1 grande

Pimiento morrón amarillo sin tallo y sin semillas, cortado en tiras, 1

Pimiento morrón verde sin tallo y sin semillas, cortado en tiras, 1

Pimiento morrón rojo sin tallo y sin semillas, cortado en tiras, 1

Hojas de cilantro picadas, ½ taza

Limones, 2 ó 3

Información por porción
Calorías, 183
Grasa total, 6.1 g
    Grasas saturadas, 1.0 g
    Grasas trans, 0.0 g
    Grasa poliinsaturada, 1.2 g
    Grasa monoinsaturada 3.6 g
Carbohidratos total, 9 g
    Fibra dietética, 2 g
    Azúcar, 5 g
Proteínas, 23 g
Sodio, 99 mg

chiles rellenos de camarones con espinaca

Chiles poblanos, 6

Camarones medianos frescos o congelados, limpios, sin vena y sin cola, ½ libra

Ajo, 2 dientes

Cebolla finamente picada, ¾ de taza,

Sal, ½ cucharadita o al gusto

Pimienta negra molida, ¼ de cucharadita o al gusto

Orégano seco, ¼ de cucharadita

Hojas de espinaca tierna, 3 tazas

Crema agria baja en grasa, ¼ de taza

Queso Oaxaca o Monterrey Jack rallado, ½ taza

Frijoles negros cocidos, 2 tazas, o 1 lata (15 onzas) de frijoles negros lavados y escurridos

Queso crema bajo en grasa, 4 onzas

Si cocina los frijoles negros, reserve parte del agua de cocción, ya que podrá usarla en la salsa al final de la receta.

Información por porción
Calorías, 237
Grasa total, 8.6 g
    Grasas saturadas, 5.0 g
    Grasas trans, 0.0 g
    Grasa poliinsaturada, 0.7 g
    Grasa monoinsaturada 2.1 g
Carbohidratos total, 25 g
    Fibra dietética, 7 g
    Azúcar, 7 g
Proteínas, 17 g
Sodio, 408 mg

El queso Oaxaca es un queso blanco, de sabor suave, originario de México. Si no puede conseguirlo, el queso Monterrey Jack es un buen sustituto. —Martín

Tiempo de preparación: 30 minutos | **Tiempo total:** 1 hora | **6 Porciones**

1   Ase los chiles siguiendo las instrucciones de la página 6. Deje los tallos cuando les esté quitando las venas. Resérvelos.

2   Precaliente el horno a 250 °F.

3   Pique ligeramente los camarones. Si usa camarones congelados, primero descongélelos y séquelos.

4   Pique finamente un diente de ajo. Rocíe una sartén con un rociador de aceite y sofría ½ taza de cebolla a fuego medio hasta que esté transparente. Agregue el ajo picado y sofría de 3 a 5 minutos.

5   Agregue a la sartén el camarón picado y cocine por 2 minutos. Sazone con sal, pimienta y orégano. Agregue la espinaca y cocine por 3 minutos o hasta que la espinaca se haya marchitado. Agregue la crema agria y el queso Oaxaca, mezcle bien y cocine por 2 minutos más. Retire del fuego.

6   Rellene los chiles con la mezcla de camarones y espinacas; y colóquelos en una bandeja para hornear. Cúbralos con papel de aluminio y póngalos en el horno mientras prepara la salsa, aproximadamente 20 minutos.

7   Triture el otro diente de ajo. Rocíe una sartén con un rociador de aceite y sofría el ¼ de taza de cebolla restante a fuego medio. Cuando la cebolla esté transparente, agregue el ajo y los frijoles. Mezcle para unir los ingredientes y deje que se sofrían por 5 minutos. Pruebe y si es necesario, agregue sal.

8   Coloque la mezcla de frijoles en una licuadora con el queso crema y licúela. Si la salsa es demasiado espesa, agregue de 2 a 3 cucharadas de agua o del líquido de cocción de los frijoles. Sirva los chiles bañados con la crema de frijoles.

camarones al mojo de ajo

Esta es una receta rápida y deliciosa para ocasiones especiales. A mí me gusta acompañarla con arroz y vegetales asados. —Martín

Tiempo de preparación: 15 minutos | **Tiempo total:** 20 minutos | **4 Porciones**

1 Lave los camarones. Séquelos con una toalla de papel, sin frotar y resérvelos. Si los camarones están congelados, primero descongélelos.

2 En una licuadora, procese la mayonesa, los dientes de ajo y la mostaza por 1 minuto o hasta que estén bien licuados.

3 Caliente el aceite en una sartén a fuego medio y sofría los camarones sólo por 2 minutos. Agregue la mezcla de ajo y mezcle bien. Cocine los camarones por unos 3 minutos o hasta que tomen color rosa. Pruebe y si es necesario, agregue sal.

4 Adorne con perejil fresco y sirva caliente.

Camarones medianos, limpios, sin vena y sin cola, 1 libra

Mayonesa baja en grasa, ⅓ de taza

Ajo entero pelado, 1 cabeza (aproximadamente 10 dientes)

Mostaza Dijon, 2 cucharadas

Aceite de oliva, 1 cucharada

Sal, al gusto

Perejil de hoja lisa picado, 1 cucharada

Información por porción
Calorías, 186
Grasa total, 10.9 g
    Grasas saturadas, 1.7 g
    Grasas trans, 0.0 g
    Grasa poliinsaturada, 4.2 g
    Grasa monoinsaturada 4.4 g
Carbohidratos total, 5 g
    Fibra dietética, 0 g
    Azúcar, 1 g
Proteínas, 17 g
Sodio, 458 mg

pescado a la chalaca

Tilapia u otro pescado blanco, 4 filetes

Sal y pimienta negra molida

Comino molido, ¼ de cucharadita, más otro poco adicional para sazonar el pescado

Cebolla cortada en tiras, 1

Ajo triturado, 1 diente

Tomates cortados en cuartos, 3, o 1 lata (15 onzas) de tomates cocidos al estilo italiano

Azúcar morena, oscura o clara, 1 cucharada

Hojas de laurel, 2

Vino tinto o Marsala, ¼ de taza

Perejil de hoja lisa finamente picado, ¼ de taza

Este es uno de mis platos peruanos favoritos. "Chalaca" se refiere al área del Callao, el principal puerto marítimo del Perú. Me gusta servir el pescado cubierto de salsa de cebolla y tomate; y acompañarlo con una ensalada de lechuga sencilla o arroz y arvejas (guisantes). —Maya

Tiempo de preparación: 15 minutos | **Tiempo total:** 30 minutos | **4 Porciones**

1 Sazone los filetes de pescado con sal, pimienta y una pizca de comino. Rocíe el fondo de una sartén con un rociador de aceite. A fuego medio-alto, ase el pescado hasta que se haya dorado por ambos lados. Saque los filetes de la sartén y resérvelos.

2 De ser necesario, vuelva a rociar la misma sartén con un rociador de aceite y sofría la cebolla. Cuando la cebolla esté transparente, agregue el ajo, ¼ de cucharadita de comino, sal y pimienta. Mezcle bien y resérvela.

3 Coloque los tomates en una licuadora y licúelos completamente. Vierta en la sartén los tomates licuados. Agregue el azúcar morena, las hojas de laurel y el vino. Cocine a fuego lento por 5 minutos para que el tomate se cocine bien. Agregue el perejil.

4 Coloque los filetes de pescado en la sartén, teniendo cuidado de que no se rompan. Tape y cocine a fuego lento 5 a 7 minutos más.

5 Retire las hojas de laurel antes de servir.

Información por porción
Calorías, 161
Grasa total, 2.5 g
 Grasas saturadas, 0.8 g
 Grasas trans, 0.0 g
 Grasa poliinsaturada, 0.6 g
 Grasa monoinsaturada 0.9 g
Carbohidratos total, 11 g
 Fibra dietética, 2 g
 Azúcar, 8 g
Proteínas, 24 g
Sodio, 57 mg

tallarines con salsa de chile poblano

Tallarines de trigo integral, 12 onzas

Chiles poblanos, 3

Leche (descremada de 1%), 1½ taza

Queso crema bajo en grasa, 1 paquete (8 onzas)

Cebolla picada, ½ pequeña

Ajo, 1 diente

Gránulos de consomé de pollo bajo en sodio, 1 cucharada, o 1 cubito de consomé de pollo bajo en sodio

Sal, al gusto

Queso parmesano rallado, ¼ de taza

Esta deliciosa salsa de chile poblano tiene un sabor típico mexicano pero con un toque de influencia italiana. Sirva este plato acompañado con brócoli cocinado al vapor o una ensalada de lechuga. —Martín

Tiempo de preparación: 30 minutos | **Tiempo total:** 45 minutos | **6 Porciones**

1 Cocine la pasta hasta que esté "al dente", siguiendo las instrucciones del paquete y resérvela.

2 Mientras se cocina la pasta, ase los chiles siguiendo las instrucciones de la página 6. Quíteles los tallos, las semillas y las membranas.

3 En una licuadora, combine los chiles poblanos asados con la leche, el queso crema, la cebolla, el ajo y el consomé de pollo. Mezcle bien.

4 Vierta la mezcla licuada en una olla grande y cocine a fuego medio por unos 10 minutos, revolviendo con frecuencia, hasta que comience a hervir. Cuando el color de la salsa se haya oscurecido ligeramente, baje el fuego y siga cocinándola a fuego lento por unos 5 minutos más. Pruebe y si es necesario, agregue una pizca de sal. La salsa no debe quedar demasiado espesa.

5 Agregue la salsa a la pasta y mezcle bien. Espolvoreé por encima un poco de queso parmesano y sirva.

Información por porción
Calorías, 342
Grasa total, 11.3 g
   Grasas saturadas, 6.0 g
   Grasas trans, 0.0 g
   Grasa poliinsaturada, 0.8 g
   Grasa monoinsaturada 2.9 g
Carbohidratos total, 49 g
   Fibra dietética, 7 g
   Azúcar, 8 g
Proteínas, 16 g
Sodio, 479 mg

camarones marinados con ajo y asados a la parrilla

Sirva estas exquisitas brochetas de camarones acompañadas con vegetales asados. —Martín

Tiempo de preparación: 15 minutos | **Tiempo total:** de 45 minutos a 1 hora
(incluyendo el tiempo necesario para el marinado) | **5 Porciones**

1 Limpie los camarones, quíteles la vena pero déjeles la cola y resérvelos.

2 En un recipiente de vidrio, combine la salsa de soya, el aceite de oliva, el ajo, los cebollines, la sal y la pimienta; mezcle bien.

3 Agregue los camarones, revuelva para cubrirlos con la salsa del marinado y déjelos como mínimo 30 minutos en el refrigerador.

4 Coloque los camarones en las brochetas y reserve la salsa del marinado.

5 Coloque las brochetas en la parrilla y cúbralas ligeramente con un poco de la salsa del marinado que reservó. Ase las brochetas de 5 a 7 minutos, dándoles la vuelta a la mitad del tiempo o hasta que los camarones estén de color rosa.

Camarones grandes o medianos, 1 libra

Salsa de soya baja en sodio, 2 cucharadas

Aceite de oliva, ⅓ de taza

Ajo finamente picado, 2 cucharadas

Cebollines (cebollita china, cebollita verde) cortados en rodajas delgadas, 2

Sal, ½ cucharadita

Pimienta negra molida, ½ cucharadita

Si está usando brochetas de madera, no olvide remojarlas primero en agua por 15 minutos para evitar que se quemen.

Información por porción
Calorías, 197
Grasa total, 14.9 g
   Grasas saturadas, 2.1 g
   Grasas trans, 0.0 g
   Grasa poliinsaturada, 1.7 g
   Grasa monoinsaturada 10.5 g
Carbohidratos total, 2 g
   Fibra dietética, 0 g
   Azúcar, 1 g
Proteínas, 14 g
Sodio, 549 mg

tacos de camarones con chipotle

Camarones medianos frescos o congelados, limpios, sin vena y sin cola, 1 libra

Cebolla roja cortada en tiras delgadas, ½ pequeña

Ajo finamente picado, 2 dientes

Mayonesa baja en grasa, ½ taza

Chiles chipotle en salsa de adobo finamente picados, 1 ó 2

Hojas de cilantro picadas, ¼ de taza

Tortillas de trigo integral, 8

Aguacate pelado, sin semilla y cortado en rebanadas, 1

Tomate picado, 1

Zanahoria cortada en rodajas delgadas, 1

Repollo cortado en tiras delgadas, ¼

Limon, 1

Para que estos tacos sean más nutritivos y sustanciosos, prepárelos con tortillas de trigo integral. Las tortillas de trigo integral tienen más fibra y llenan más que las tortillas de harina refinada; además, tienen menos calorías.

Los chiles chipotle en salsa de adobo pueden conseguirse envasados en latas pequeñas en la sección de productos hispanos del supermercado. Son muy picantes. Si no los ha usado nunca, comience con ½ chile y pruebe antes de añadir más cantidad. —Martín

Tiempo de preparación: 10 minutos | **Tiempo total:** 15 minutos | **8 Porciones**

1 Descongele los camarones, si están congelados y lávelos con agua fría. Séquelos sin frotar con una toalla de papel.

2 Rocíe el fondo de una sartén con un rociador de aceite. A fuego medio-alto, sofría la cebolla y el ajo por unos 2 minutos. Agregue los camarones y sofríalos por 2 minutos o hasta que estén de color rosa.

3 En un recipiente, mezcle la mayonesa y los chiles chipotle. Agregue esta mezcla a los camarones y mezcle bien por 2 minutos.

4 Retire del fuego, espolvoree encima el cilantro picado y resérvelos.

5 Caliente las tortillas en un horno regular o microondas. Coloque aproximadamente seis camarones en cada tortilla. Sirva con dos rebanadas de aguacate, tomate picado, unas cuantas rodajas de zanahoria, un poco de repollo picado y un limón cortado en cuartos para exprimirlo encima.

Información por porción
Calorías, 239
Grasa total, 8.7 g
  Grasas saturadas, 1.4 g
  Grasas trans, 0.0 g
  Grasa poliinsaturada, 3.4 g
  Grasa monoinsaturada 3.2 g
Carbohidratos total, 29 g
  Fibra dietética, 5 g
  Azúcar, 3 g
Proteínas, 13 g
Sodio, 397 mg

berenjena en salsa italiana

Esta receta es una manera fácil y rápida de preparar la berenjena, que además de nutritiva, es deliciosa. Acompáñela con arroz para servirla como plato principal o también puede servirla sola como acompañante. —Malena

Tiempo de preparación: 10 minutos | **Tiempo total:** 25 minutos | **3 Porciones**

1 Corte y deseche los extremos de la berenjena. Pele la berenjena y córtela en cubitos de ½ pulgada.

2 Caliente el aceite de oliva en una sartén grande a fuego medio-alto y sofría la cebolla por 1 minuto, revolviendo con frecuencia. Agregue la berenjena y sofríala a fuego medio por un minuto más.

3 Agregue todos los demás ingredientes, menos el perejil. Revuelva, tape y cocine por 10 minutos más. Destape, agregue el perejil y revuelva para mezclar. Retire del fuego y sirva.

Berenjena, 1

Aceite de oliva, 1 cucharada

Cebolla picada, 1

Tomates picados, 2 pequeños

Ajo picado, 1 diente

Gránulos de consomé de vegetales bajo en sodio, 1 cucharada, o 1 cubito de consomé de vegetales bajo en sodio

Pimienta negra molida, ½ cucharadita

Hierbas aromáticas italianas secas, 1 cucharadita

Perejil de hoja lisa picado, 1 cucharada

Información por porción
Calorías, 131
Grasa total, 5.1 g
    Grasas saturadas, 0.7 g
    Grasas trans, 0.0 g
    Grasa poliinsaturada, 0.7 g
    Grasa monoinsaturada 3.3 g
Carbohidratos total, 22 g
    Fibra dietética, 5 g
    Azúcar, 9 g
Proteínas, 2 g
Sodio, 518 mg

estofado de pollo al estilo peruano

Este es uno de mis platos peruanos tradicionales favoritos. Me gusta servir este estofado con arroz. Por lo general, cuando preparo esta receta uso una combinación de muslos, contramuslos y pechugas de pollo. Puede usar cualquier combinación de presas de pollo que desee: un pollo entero cortado en presas, solamente pechugas o las presas que prefiera.

Agregue las arvejas (guisantes, chícharos) al final para que no pierdan su color.
—Maya

Tiempo de preparación: de 30 a 45 minutos | **Tiempo total:** 1 hora y 30 minutos | **6 Porciones**

1 Haga un puré de tomates en una licuadora o un procesador de alimentos. Resérvelo.

2 Sazone el pollo con sal, pimienta y ¼ de cucharadita de comino. Caliente 1 cucharada de aceite de canola en una olla gruesa y dore el pollo, pero no lo cocine por completo. Cuando el pollo se haya dorado, retírelo del fuego y resérvelo en un recipiente.

3 Agregue a la olla la otra cucharada de aceite de canola y sofría la cebolla hasta que esté dorada. Añada el ajo, el orégano y el ¼ de cucharadita de comino restante.

4 Añada las zanahorias, la pasta de tomate, el puré de tomate y las hojas de laurel. Mezcle bien y cocine por aproximadamente 10 minutos a fuego medio.

5 Agregue el resto de los ingredientes, menos las arvejas (guisantes, chícharos) y revuelva para mezclar. Vuelva a colocar el pollo en la olla. Deje hervir por 5 minutos. Baje el fuego al mínimo y tape la olla. Deje que el estofado se cocine por 30 minutos o hasta que los camotes y las zanahorias se hayan ablandado, revolviendo ocasionalmente. Si el líquido se reduce demasiado, agregue más caldo o agua.

6 Agregue las arvejas (guisantes, chícharos) y cocine a fuego lento 5 y 10 minutos más. Retire las hojas de laurel antes de servir.

Tomates, 2, o 1 lata (14 onzas) de tomates enteros

Contramuslos, muslos o pechugas de pollo, sin piel, 6 presas

Sal y pimienta negra molida, al gusto

Comino molido, ½ cucharadita, en partes

Aceite de canola, 2 cucharadas, en partes

Cebolla roja finamente picada, ½

Ajo triturado, 1 diente

Orégano seco, ¼ de cucharadita

Zanahorias cortadas en rodajas, 6

Pasta de tomate, 3 cucharadas

Hojas de laurel, 3

Camotes o batatas pelados y cortados en trozos grandes, 2

Vino Marsala (opcional), ¼ de taza

Caldo de pollo bajo en sodio, 2 tazas

Arvejas (guisantes, chícharos) congelados, 1 taza

Información por porción
Calorías, 275
Grasa total, 9.0 g
  Grasas saturadas, 1.5 g
  Grasas trans, 0.0 g
  Grasa poliinsaturada, 2.4 g
  Grasa monoinsaturada 4.4 g
Carbohidratos total, 26 g
  Fibra dietética, 6 g
  Azúcar, 7 g
Proteínas, 23 g
Sodio, 360 mg

picadillo mexicano

Cebolla roja finamente picada, 1 mediana

Ajo finamente picado, 2 dientes

Carne molida (95% magra), 1 libra

Tomates triturados o salsa mexicana (página 13), 2 tazas

Zanahorias, cortadas en cuadraditos, 2 (aproximadamente 2 tazas)

Papas blancas, cortadas en cuadraditos, 2

Calabacín, cortado en cuadraditos, 2

Chícharos (arvejas, guisantes) congelados, 1 taza

Hojas de laurel, 2

Sal y pimienta negra molida, al gusto

Esta receta es una buena manera de usar cualquier vegetal que tenga a la mano; y si le queda algún sofrito en el refrigerador, también puede agregarlo. Utilice una carne molida que sea lo más magra (baja en grasa) posible, o también puede usar pechuga de pavo molida o "carne" vegetariana desmenuzada. Sírvala con arroz o utilícela para rellenar tacos. Otra buena idea es ponerla sobre tortillas de maíz y enrollarlas. —Martín

Tiempo de preparación: 30 minutos | **Tiempo total:** de 45 minutos a 1 hora | **8 Porciones**

1 Rocíe una sartén grande con un rociador de aceite y sofría la cebolla y el ajo a fuego medio-alto hasta que estén dorados. Agregue la carne y sofríala bien, revolviendo con frecuencia.

2 Cuando la carne esté dorada, agregue los tomates triturados, las zanahorias y las papas; y mezcle bien. Baje la intensidad del fuego a medio y cocine, sin tapar por 15 minutos o hasta que las zanahorias y las papas estén bien cocidas.

3 Agregue los calabacines y los chícharos (guisantes, arvejas). Si la mezcla es demasiado espesa, agregue ¼ de taza de agua.

4 Añada las hojas de laurel y sazone con sal y pimienta. Cocine por otros 15 minutos o hasta que los vegetales se hayan ablandado. Sazone al gusto y retire del fuego.

5 Retire las hojas de laurel y sirva.

Información por porción
Calorías, 178
Grasa total, 3.3 g
    Grasas saturadas, 1.4 g
    Grasas trans, 0.1 g
    Grasa poliinsaturada, 0.3 g
    Grasa monoinsaturada 1.2 g
Carbohidratos total, 23 g
    Fibra dietética, 4 g
    Azúcar, 7 g
Proteínas, 15 g
Sodio, 84 mg

arroz tapado al estilo peruano

Puede preparar la carne la noche anterior. Al día siguiente, sólo tendrá que cocer el arroz y preparar la salsa blanca para completar el plato.

Para presentarlo de una forma más individual y simpática, coloque los ingredientes por capas en una taza ligeramente engrasada, en lugar de ponerlo en un plato grande, de donde cada uno se sirve una porción. Si lo pone en una taza, desmolde cada una y luego báñela con la salsa blanca y sirva inmediatamente. —Maya

Tiempo de preparación: 30 minutos | **Tiempo total:** 45 minutos | **8 Porciones**

1 En una sartén sin aceite, dore la carne molida con la sal, la pimienta y el comino. Use un colador de malla fina para drenar la grasa de la carne molida. Ponga la carne en un tazón con toallas de papel para absorber el resto de la grasa.

2 En la misma sartén, agregue el aceite y sofría la cebolla hasta que esté transparente. Agregue el ajo y cocine de 2 a 3 minutos.

3 Agregue las zanahorias y cocine de 10 a 15 minutos. Añada los tomates picados y el orégano seco. Agregue la carne molida, las pasas y las arvejas. Cocine a fuego lento aproximadamente por 20 minutos o hasta que las zanahorias estén blandas.

4 Mientras tanto, prepare la salsa blanca y haga el arroz. Resérvelos.

5 Con cuidado, incorpore los huevos duros a la carne molida.

6 Coloque una capa delgada de arroz en una bandeja plana de vidrio. Enseguida, ponga una capa gruesa del relleno de carne y luego otra capa delgada de arroz. Cubra con salsa blanca caliente y espolvoree con perejil picado fresco. Sirva inmediatamente.

Carne molida baja en grasa (95% magra), 1 libra

Sal, ½ cucharadita

Pimienta negra molida, ¼ de cucharadita

Comino molido, ½ cucharadita

Aceite de canola, 2 cucharaditas

Cebolla roja finamente picada, ½ taza

Ajo triturado, ½ cucharadita

Zanahorias finamente ralladas, ½ taza

Tomates picados, 2, o 1 lata (14 onzas) de tomates cocidos al estilo italiano, picados

Orégano seco, 1 pizca

Pasas, ½ taza

Arvejas (guisantes, chícharos) congelados, ½ taza

Salsa blanca (página 17), 2 tazas

Huevos duros cortados en trozos grandes, 2

Arroz integral o blanco cocido, 2 tazas

Perejil de hoja lisa finamente picado, una cantidad suficiente para decorar el plato

Información por porción
Calorías, 300
Grasa total, 12.9 g
   Grasas saturadas, 6.4 g
   Grasas trans, 0.3 g
   Grasa poliinsaturada, 1.2 g
   Grasa monoinsaturada 4.7 g
Carbohidratos total, 29 g
   Fibra dietética, 2 g
   Azúcar, 11 g
Proteínas, 18 g
Sodio, 581 mg

lasaña de pollo y berenjena

Berenjenas peladas y cortadas a lo largo en rebanadas de ½ pulgada de grosor, 3

Sal, 1 cucharadita

Pechugas de pollo sin piel y sin hueso, 2

Salsa de tomate casera (página 16) o salsa marinara comprada, 4 tazas

Aceite de oliva, 1 cucharada

Agua, 2 tazas

Queso mozzarella bajo en grasa rallado, 2 tazas

Queso parmesano, rallado, ¼ de taza

Pan rallado, ½ taza

Si se omite el pan rallado, este plato no tendrá nada de gluten.

Información por porción
Calorías, 215
Grasa total, 7.6 g
    Grasas saturadas, 3.4 g
    Grasas trans, 0.0 g
    Grasa poliinsaturada, 0.9 g
    Grasa monoinsaturada 2.1 g
Carbohidratos total, 23 g
    Fibra dietética, 5 g
    Azúcar, 9 g
Proteínas, 15 g
Sodio, 416 mg

Para preparar este plato, la pasta tradicional para lasaña se sustituye con rebanadas de berenjena. —Malena

Tiempo de preparación: 1 hora | **Tiempo total:** 2 horas | **10 porciones**

1 Precaliente el horno a 350 °F.

2 Coloque las rebanadas de berenjena en un tazón con una cucharadita de sal y suficiente agua para cubrirlas y déjelas remojar por 10 minutos.

3 Coloque las pechugas de pollo en un plato y marínelas cubiertas con ¼ de taza de salsa de tomate.

4 Caliente el aceite de oliva en una sartén a fuego medio y agregue el pollo. Tape la sartén y deje que el pollo se cocine por 30 minutos, dándole la vuelta de vez en cuando. Saque el pollo de la sartén y deje que se enfríe. Cuando esté frío, deshilache el pollo.

5 En una olla ancha, hierva 2 tazas de agua. Por tandas, coloque tres o cuatro rebanadas de berenjena en la olla y hiérvalas por 4 minutos, hasta que estén cocidas pero firmes, dándoles la vuelta una vez. Cuando estén cocidas, saque las rebanadas, una por una y póngalas sobre toallas de papel para quitarles el exceso de agua.

6 Separe ¼ de taza de salsa de tomate. En la sartén que usó para el pollo, combine el resto de la salsa de tomate y el pollo deshilachado. Tape la sartén y cocine a fuego medio por 10 minutos, revolviendo de vez en cuando.

7 Cubra el fondo de una bandeja para hornear de 9 × 13 pulgadas (24 cm × 34 cm) con el ¼ de taza de salsa de tomate que separó antes. Coloque una capa de berenjena sobre la salsa de tomate. Encima de la berenjena, coloque la mitad de la mezcla de pollo con salsa y ½ taza de queso mozzarella. Agregue otra capa de berenjena, el resto de la mezcla de pollo con salsa y ½ taza de queso mozzarella. Por último, cubra con el resto de la berenjena.

8 Espolvoree el resto del queso mozzarella, el queso parmesano y el pan molido. Cubra con papel de aluminio y hornee de 35 a 40 minutos. Destape y siga horneando por 10 minutos más. Deje que se enfríe un poco antes de cortar para servir.

pescado con pesto de cilantro

Pescado blanco (por ejemplo: mero, tilapia, lenguado o pargo), 4 filetes

Limones, 3

Sal, ¼ de cucharadita y además lo necesario para sazonar el pescado

Hojas de cilantro, 1 taza

Chiles serranos sin tallo, sin semillas y sin venas (opcionales), 1 ó 2

Cebolla, cortada por la mitad, ½ mediana

Piñones, ¼ de taza

Aceite de oliva, ¼ de taza

Pimienta negra molida, ¼ de cucharadita o al gusto

El cilantro realza el delicioso sabor del pescado y los mariscos. Sirva este pescado con arroz o pasta. Puede usar almendras o nueces de Castilla en lugar de piñones. —Martín

Tiempo de preparación: 15 minutos | **Tiempo total:** de 45 minutos a 1 hora | **4 Porciones**

1 Precaliente el horno a 400 °F.

2 Lave el pescado y colóquelo en una bandeja. Exprima el jugo de un limón sobre el pescado y espolvoree la sal. Deje marinando en el refrigerador de 10 a 15 minutos.

3 En un procesador de alimentos, combine el cilantro, los chiles, la cebolla, los piñones, el jugo de dos limones, el aceite de oliva, ¼ de cucharadita de sal y la pimienta; y procese hasta que todos los ingredientes estén bien triturados pero no completamente hechos puré. Vierta la mitad de este pesto de cilantro en una bandeja para hornear.

4 Acomode el pescado sobre el pesto. Vierta el resto del pesto encima del pescado.

5 Hornee de 20 a 25 minutos o hasta que el pescado esté de un color blanco y se pueda desmenuzar con facilidad. Para realzar el sabor, a la mitad de la cocción, con cuidado déle la vuelta al pescado y báñelo con la salsa de cilantro y termine de hornearlo.

Información por porción
Calorías, 314
Grasa total, 22.0 g
   Grasas saturadas, 2.7 g
   Grasas trans, 0.0 g
   Grasa poliinsaturada, 5.2 g
   Grasa monoinsaturada 12.3 g
Carbohidratos total, 5 g
   Fibra dietética, 1 g
   Azúcar, 2 g
Proteínas, 25 g
Sodio, 213 mg

lasaña vegetariana

Los camotes le dan un sabor asombrosamente particular a esta deliciosa lasaña vegetariana. —Maya y Malena

Tiempo de preparación: 45 minutos | **Tiempo total:** 1 hora y 30 minutos | **10 Porciones**

1 Precaliente el horno a 350 °F.

2 Cocine la pasta para lasaña. Enjuáguela con agua fría y resérvela.

3 Prepare la salsa blanca y resérvela.

4 Corte los puerros a lo largo y lávelos bien en un recipiente grande lleno de agua limpia para quitarles la arenilla que puedan tener entre las hojas. Córtelos en rodajas pequeñas. Si usa espinaca congelada, primero descongélela y séquela. Si usa espinaca fresca, lávela bien y píquela.

5 En una sartén grande, derrita la mantequilla. Agregue los puerros, el ajo, la sal, la pimienta y la albahaca; y sofría a fuego medio por 3 minutos o hasta que se ablanden. Agregue la espinaca y cocine varios minutos, hasta que se haya calentado bien y esté fragante. Si usa espinaca fresca, cocínela hasta que se marchite. Retire del fuego y resérvela.

6 En un recipiente mediano, mezcle el queso mozzarella y el queso requesón. Rocíe con un rociador de aceite un molde para hornear de 9 ×13 pulgadas (24 cm × 34 cm). Coloque en el molde una capa de la pasta para lasaña. Cubra con una capa delgada de camotes y luego la mitad de la mezcla de puerros y espinaca. Cubra con ⅓ de taza de salsa blanca y un tercio de la mezcla de quesos mozzarella y requesón.

7 Agregue una segunda capa de pasta, otra capa delgada de camotes, el resto de la mezcla de puerros y espinaca, ⅓ de taza de salsa blanca y otra capa de la mezcla de quesos mozzarella y requesón. Termine con una última capa de pasta. Cubra con los camotes, la salsa blanca y el resto de los quesos mozzarella y requesón. Coloque por encima el queso suizo.

8 Cubra con papel de aluminio y hornee de 30 a 35 minutos o hasta que la lasaña esté burbujeante y los camotes estén blandos. Retire el papel de aluminio y hornee por 10 minutos más o hasta que se dore ligeramente.

Pasta para lasaña, 1 paquete (8 onzas)

Salsa blanca (página 17), 1 taza

Puerros, 1 libra

Espinaca picada congelada, 2 paquetes (10 onzas) o 2 manojos de espinaca fresca

Mantequilla, 2 cucharadas

Ajo triturado, 2 dientes

Sal, ¼ de cucharadita

Pimienta negra molida, ⅛ de cucharadita

Albahaca seca, 1 cucharadita o 1 cucharada finamente picada de albahaca fresca

Queso mozzarella bajo en grasa rallado, 2 tazas

Queso requesón bajo en grasa, 2 tazas

Camotes o batatas pelados y cortados en rodajas delgadas, 2 grandes

Queso suizo, 6 rebanadas

Información por porción
Calorías, 369
Grasa total, 15.8 g
   Grasas saturadas, 9.3 g
   Grasas trans, 0.3 g
   Grasa poliinsaturada, 1.0 g
   Grasa monoinsaturada 3.5 g
Carbohidratos total, 37 g
   Fibra dietética, 4 g
   Azúcar, 9 g
Proteínas, 22 g
Sodio, 615 mg

tilapia con salsa de mango y piña

Este plato queda bien con cualquier pescado blanco. Es un plato exquisito para complacer a sus invitados. —Maya

Tiempo de preparación: 15 minutos | **Tiempo total:** de 45 minutos a 1 hora | **6 Porciones**

1 Sazone los filetes de tilapia con la sal de mar, la pimienta, el comino y el jugo de un limón. Déjelos marinar por unos 30 minutos en el refrigerador.

2 Para preparar la salsa de mango, en un recipiente de vidrio coloque el mango, la piña, la cebolla roja, el cilantro, el aceite de oliva, el vinagre de arroz, el jengibre y el jugo del otro limón; y mezcle bien. Resérvelo.

3 Sazone los pimientos morrones y el calabacín con sal y pimienta. Rocíe una sartén con un rociador de aceite y sofría los vegetales. No deje que se quemen, ya que podrían volverse amargos.

4 Rocíe otra sartén con un rociador de aceite y ase los filetes por aproximadamente 5 a 7 minutos volteándolos cuando estén medio cocinados. Luego termine de cocinarlos.

5 Sirva el pescado cubierto con la salsa de mango y piña y acompañe con los vegetales.

Tilapia u otro pescado blanco, 6 filetes

Sal de mar y pimienta negra molida

Comino molido, ¼ de cucharadita

Limones, 2

Mangos pelados, sin pepa y cortados en cuadraditos, 2

Piña cortada en cuadraditos, 2 rodajas

Cebolla roja finamente picada, ½ taza

Hojas de cilantro picadas, ⅓ de taza

Aceite de oliva, 1 cucharada

Vinagre de arroz, 2 cucharadas

Jengibre machacado, 1 cucharadita

Pimiento morrón rojo sin tallo y sin semillas, cortado en aros, 1

Pimiento morrón verde sin tallo y sin semillas, cortado en aros, 1

Pimiento morrón amarillo sin tallo y sin semillas, cortado en aros, 1

Calabacín ("zucchini", zapallito italiano) cortado en rodajas, 1 taza

Información por porción
Calorías, 220
Grasa total, 5.0 g
    Grasas saturadas, 1.2 g
    Grasas trans, 0.0 g
    Grasa poliinsaturada, 1.1 g
    Grasa monoinsaturada 4.2 g
Carbohidratos total, 23 g
    Fibra dietética, 3 g
    Azúcar, 17 g
Proteínas, 24 g
Sodio, 56 mg

picante de mariscos

Camarones medianos con caparazón, 1 taza, (aproximadamente ½ libra)

Agua, 1½ taza

Sal, ¼ de cucharadita, más la necesaria para salar el agua

Cebolla roja, finamente picada, 1

Ajo triturado, 1 diente

Comino molido, ¼ de cucharadita

Pimienta negra molida, ¼ de cucharadita

Pimienta de Cayena (opcional), al gusto

Tomate pelado y cortado en cuadraditos, 1 grande

Pimientos rojos asados, picados, ¾ de taza

Aceite de canola, 1 cucharada

Calamares congelados, descongelados y cortados en aros), 1 taza (aproximadamente ½ libra)

Vino blanco, ¼ de taza

Maicena o harina (opcional), 1 cucharada

Queso parmesano rallado, 3 ó 4 cucharadas

Este plato no es realmente picante, a menos que se le agregue ají amarillo peruano o la pimienta de Cayena. Sirva el picante de mariscos con arroz o con rodajas de papas cocidas y doradas; y finalmente, adórnelo con cuartos de huevo duro. Este es uno de mis platos peruanos favoritos; siempre que viajo a mi querido Perú, sin falta lo pido en los restaurantes de comida criolla.

Para que tenga un mejor sabor, utilice un vino blanco de mesa en lugar de vino para cocinar. —Maya

Tiempo de preparación: 30 minutos | **Tiempo total:** 45 minutos | **6 Porciones**

1 Limpie y quite la vena a los camarones; y reserve las colas y los caparazones. Hierva 1½ taza de agua con sal. Añada las colas y los caparazones y cocínelos por 8 a 10 minutos. Cuele el caldo y resérvelo.

2 Rocíe una sartén grande y gruesa con un rociador de aceite y sofría la cebolla a fuego medio-alto hasta que esté transparente. Agregue el ajo, el comino, ¼ de cucharadita de sal, la pimienta negra y ½ cucharadita de ají amarillo o una cucharada de ají amarillo "de mentirita" (página 15), o bien, una pizca de pimienta de Cayena. Sofría por 3 minutos. Agregue el tomate y los pimientos rojos asados. Cocine a fuego medio por 5 minutos. Añada ½ taza del caldo de camarones.

3 Coloque la mezcla en una licuadora y licúela completamente. Pruebe y si lo desea, agregue más ají amarillo o más pimienta de Cayena.

4 Caliente el aceite de canola en la misma sartén y sofría los camarones y calamares por varios minutos o hasta que los camarones estén de color rosa. Vierta la mezcla de tomate en la sartén. Agregue el vino blanco y cocine por 5 minutos a fuego medio.

5 Si la mezcla está demasiado seca, agregue gradualmente más caldo de camarones. Si, por el contrario, está demasiado líquida, agregue maicena o harina y cocine por unos 3 minutos más, revolviendo constantemente hasta que espese. Para servir, rocíe con queso parmesano.

Información por porción
Calorías, 108
Grasa total, 4.0 g
    Grasas saturadas, 0.8 g
    Grasas trans, 0.0 g
    Grasa poliinsaturada, 1.0 g
    Grasa monoinsaturada 1.9 g
Carbohidratos total, 6 g
    Fibra dietética, 1 g
    Azúcar, 3 g
Proteínas, 11 g
Sodio, 207 mg

tamales vegetarianos

¡Estos tamales son deliciosos y facilísimos de preparar! El queso panela se vende en muchos supermercados, no sólo en los mercados que venden productos hispanos. —Malena y Martín

Tiempo de preparación: 1 hora | **Tiempo total:** 2 horas | **10 porciones** (un tamal por porción)

Hojas de maíz secas, de 20 a 30 (se venden en bolsas en los mercados hispanos)

Chiles poblanos, 3

Masa de harina de maíz (por ejemplo, Maseca), 2 tazas

Polvo de hornear, 1 cucharadita

Sal, ½ cucharadita

Caldo de vegetales bajo en sodio y sin grasa, tibio, 2 tazas

Mantequilla sin sal, a la temperatura del ambiente, 1 barrita más 3 cucharadas

Queso panela cortado en tiras delgadas, 4 onzas

Salsa verde mexicana (página 12), 1 taza, o una lata pequeña de salsa verde

1   Hierva el agua en una olla con capacidad para 5 cuartos. Apague el fuego y agregue las hojas de maíz. Remoje hasta que se ablanden, alrededor de unos 15 minutos. Saque las hojas y use toallas de papel para secarlas.

2   Ase los chiles siguiendo las instrucciones de la página 6. Quíteles los tallos, las semillas y las membranas; y córtelos en tiras largas.

3   En un tazón grande, combine la masa de maíz, el polvo de hornear y la sal; y mezcle bien. Agregue poco a poco el caldo caliente de vegetales. Amase a mano hasta que la masa esté bien mezclada.

4   En un recipiente grande, use una batidora eléctrica para ablandar y batir la mantequilla por 2 minutos. Agregue la masa y mezcle a velocidad baja para obtener una consistencia cremosa y uniforme.

5   Tome dos hojas de maíz y coloque una encima de la otra. Si las hojas de maíz son pequeñas, coloque la segunda hoja desplazada un poco hacia abajo, para que le sea más fácil envolver el tamal.

6   Coloque de 2 a 3 cucharadas de la mezcla de masa en el centro de la hoja y repártala de manera uniforme para que ocupe un área de unas 4 ó 5 pulgadas de largo. Deje unas 2 pulgadas de espacio libre a cada lado de la masa. Coloque encima de la masa unas cuantas tiras o rajas de chile y encima unas tiras de queso y aproximadamente una cucharada de salsa verde. Cierre los tamales doblando hacia el centro los extremos largos de las hojas para cubrir la masa. Doble los extremos cortos de la hoja y presione con los dedos para que quede bien cerrado. De ser necesario, use hilo de cocina para atar los tamales.

7   Hierva agua en una olla grande para tamales o para cocinar al vapor. Coloque los tamales de pie en la olla, asegurándose de que el agua no llegue a la canastilla de la olla ni a los tamales. Tape la olla y deje que los tamales se cocinen al vapor 1 hora, verificando con frecuencia el nivel de agua y agregando más cuando haga falta. Cuando se cumpla la hora, saque un tamal y déjelo enfriar por un minuto o dos antes de abrir las hojas. Los tamales están listos cuando la masa está lisa y se desprende fácilmente de la hoja de maíz.

Información por porción
Calorías, 240
Grasa total, 15.3 g
   Grasas saturadas, 9.1 g
   Grasas trans, 0.0 g
   Grasa poliinsaturada, 1.0 g
   Grasa monoinsaturada 4.0 g
Carbohidratos total, 23 g
   Fibra dietética, 3 g
   Azúcar, 2 g
Proteínas, 4 g
Sodio, 234 mg

arroz con pollo al estilo panameño

Pechugas de pollo con hueso, sin piel y sin grasa, 2 (aproximadamente 1 libra)

Ajo, 4 dientes, en partes

Cebolla picada, 1, en partes

Sal, al gusto

Aceite de oliva, 1 cucharada

Tomates picados, 2 pequeños

Zanahorias ralladas, 1 taza

Pimiento morrón verde sin tallo y sin semillas, finamente picado, ½

Pasta de tomate o kétchup, 3 cucharadas

Arroz integral de grano largo, sin cocer, lavado y escurrido, 2 tazas

Caldo de pollo bajo en sodio, 4 tazas

Condimento de achiote ("annatto seasoning"), 1 cucharada, o ½ cucharada de pasta de achiote

Aceitunas verdes rellenas de pimiento escurridas, 12

Alcaparras escurridas, 2 cucharadas

Hoja de laurel, 1

Hojas de cilantro picadas, 1 cucharada

Orégano seco, 1 cucharadita

Pimienta negra molida, al gusto

Arvejas (guisantes, chícharos) congelados, ½ taza, o 1 lata pequeña (8 onzas) escurrida

Información por porción
Calorías, 284
Grasa total, 5.1 g
 Grasas saturadas, 1.0 g
 Grasas trans, 0.0 g
 Grasa poliinsaturada, 1.0 g
 Grasa monoinsaturada 2.7 g
Carbohidratos total, 44 g
 Fibra dietética, 4 g
 Azúcar, 4 g
Proteínas, 16 g
Sodio, 744 mg

En Latinoamérica hay muchas recetas de arroz con pollo. Esta receta es de mi país natal y es una versión saludable. Si tiene a la mano mi sofrito (página 11), use 4 cucharadas y omita el pimiento morrón verde y el cilantro. El condimento de achiote se consigue en polvo o en tubos de pasta en los mercados que venden productos hispanos. Para una versión más fácil y rápida de esta receta, puede comprar un pollo rostizado y deshilacharlo. —Malena

Tiempo de preparación: 30 minutos | **Tiempo total:** 1 hora y 30 minutos | **8 Porciones**

1 Coloque las pechugas de pollo en una olla con suficiente agua para cubrirlas. Pique dos dientes de ajo y añádalos al pollo. Agregue la mitad de la cebolla y una pizca de sal. Deje hervir, reduzca el fuego a bajo y cocine a fuego lento, sin tapar, por 30 minutos o hasta que el pollo se haya cocido. Apague el fuego y saque el pollo. Deje que se enfríe y deshiláchelo a mano, desechando los huesos. Reserve el líquido de la cocción para agregarlo al caldo si fuera necesario.

2 Pique los otros dos dientes de ajo. Caliente el aceite de oliva a fuego medio-alto en una sartén grande y honda. Sofría el resto de la cebolla picada, el ajo, los tomates, las zanahorias y el pimiento morrón verde por 2 minutos o hasta que se ablanden.

3 Agregue el pollo deshilachado y la pasta de tomate y cocine por 2 minutos. Agregue el arroz y cocine, revolviendo constantemente, por 1 a 2 minutos. Agregue el caldo de pollo, el condimento de achiote, las aceitunas, las alcaparras, la hoja de laurel, el cilantro y el orégano; y revuelva para que se mezclen bien. Cocine por 2 minutos. Pruebe y si es necesario, agregue sal y pimienta.

4 Deje hervir y cocine a fuego medio, destapado, por 25 minutos o hasta que la cantidad de agua se reduzca hasta el mismo nivel del arroz. Agregue las arvejas (guisantes, chícharos) y déjelos encima del arroz sin mezclar. Tape la olla y siga cocinando por otros 30 minutos a fuego lento o hasta que el arroz esté cocido. Deje la sartén tapada hasta el momento de servirlo. Para servir, retire la hoja de laurel y revuelva el arroz para mezclarlo.

pavo al horno

Pavo, 1 (15 libras)

Jugo de naranja agria, 2 tazas, o 1½ taza de jugo de naranja 100% natural mezclado con el jugo de 3 limones

Mantequilla sin sal, a la temperatura del ambiente, 4 cucharadas (½ barrita)

Orégano seco, 1 cucharada

Romero seco (opcional), 2 cucharaditas

Tomillo seco (opcional), 2 cucharaditas

Perejil de hoja lisa picado (opcional), 2 cucharaditas, o 1 cucharadita de perejil seco

Ajo triturado, 1 cucharada

Pimentón o paprika, 1 cucharadita

Sal marina, 1 cucharadita

Pimienta negra molida, ½ cucharadita

Cebolla en polvo (opcional), 1 cucharadita

Información por porción
Calorías, 534
Grasa total, 27.8 g
　Grasas saturadas, 10.1 g
　Grasas trans, 0.2 g
　Grasa poliinsaturada, 5.8 g
　Grasa monoinsaturada 8.7 g
Carbohidratos total, 4 g
　Fibra dietética, 0 g
　Azúcar, 2 g
Proteínas, 64 g
Sodio, 350 mg

Aunque en los Estados Unidos el pavo al horno tradicionalmente se sirve para la cena del Día de Acción de Gracias, muchos latinoamericanos lo preparan como parte tradicional de la cena de Nochebuena. Para esta receta se usa un adobo latinoamericano clásico para marinar el pavo: jugo de naranja agria, que puede encontrarse en muchos supermercados o tiendas de abarrotes que venden productos hispanos.

El tiempo de cocción variará dependiendo del tamaño del pavo; siga las instrucciones del paquete. Cuando se cocinan aves al horno, es útil usar un termómetro para carne. El termómetro se inserta en la parte de la cadera, cerca de la pechuga, con cuidado de no que no toque ningún hueso. El pavo está listo cuando su temperatura interna es de 180 °F.

Sirva el pavo con salsa tipo "gravy" (refiérase a la siguiente página), puré de papa o de camote, ensalada Waldorf clásica (página 83) o puré de manzana y rodajas de piña asada o en conserva.
—Maya y Malena

Tiempo de preparación: 15 minutos | **Tiempo total:** de 3 a 5 horas | **16 Porciones** (si es un pavo de 15 libras)

1 Lave el pavo por dentro y por fuera; y séquelo bien con toallas de papel. Coloque el pavo en una asadera o bandeja para hornear y déjelo a un lado por 15 minutos.

2 Con cuidado, con un cuchillo filudo haga pequeños agujeros en el pavo en diferentes lugares, haciendo todo lo posible para que la piel no se desgarre. Bañe el pavo con el jugo de naranja agria, usando los dedos para hacer que penetre debajo de la piel y en las incisiones que hizo al pavo.

3 Mezcle en un recipiente el resto de los ingredientes y frote el pavo con ellos. Con cuidado frote parte de la mezcla por debajo de la piel del pavo, asegurándose de no quitarla. Cubra el pavo con una bolsa de plástico. Deje que se marine en el refrigerador como mínimo 3 horas o de un día para otro.

4 Cuando vaya a hornearlo, primero caliente el horno a 350 °F. Deseche la envoltura de plástico y algo del líquido marinado; y cubra el pavo con papel de aluminio. Hornee el pavo dependiendo de su peso, según se indique en las instrucciones del paquete. Mientras el pavo esté horneándose, báñelo más o menos cada 30 minutos con el líquido de la bandeja.

5 Aproximadamente 20 minutos antes de que termine de hornearse, retire el papel de aluminio para dejar que la piel se dore bonito. Siga bañando el pavo periódicamente. Con el termómetro verifique la temperatura interior del pavo y cuando haya alcanzado a 180 °F, sáquelo del horno y deje que repose de 10 a 15 minutos antes de empezar a cortarlo.

salsa tipo "gravy" para el pavo al horno

Sirva nuestro exquisito pavo al horno con esta suculenta salsa casera tipo "gravy". —*Malena*

Tiempo de preparación: 10 minutos | **Tiempo total:** 1 hora y 30 minutos
6 Porciones (aproximadamente ⅓ de taza por porción)

---

1 Cuando haya terminado de hornear el pavo, caliente el caldo de pollo a fuego medio-bajo.

2 En una olla aparte, mida unas 4 cucharadas del jugo que soltó el pavo en la bandeja donde lo horneó. Ponga la olla en fuego medio-alto. Inmediatamente, agregue la harina y cocínela, moviendo constantemente con un batidor de alambre o una cuchara de madera. Cuando la harina comience a dorarse, gradualmente agregue el resto del líquido que quedó en la asadera. Evite usar la grasa. Continúe revolviendo constantemente para evitar que se formen grumos y hasta que la harina se haya espesado.

3 Agregue poco a poco 2 tazas del caldo de pollo caliente, sin dejar de revolver. Deje hervir, baje el fuego y cocine hasta que la salsa (gravy) se haya espesado y esté hirviendo. Añada más caldo si es necesario. Sazone con sal y pimienta. Sírvalo caliente.

Caldo de pollo bajo en sodio o agua, 3 tazas

Jugos que quedaron en la bandeja donde se horneó el pavo, mínimo 6 cucharadas

Harina, 4 cucharadas

Sal, ¼ de cucharadita

Pimienta negra molida, ⅛ de cucharadita

Información por porción
Calorías, 81
Grasa total, 6.0 g
    Grasas saturadas, 2.3 g
    Grasas trans, 0.0 g
    Grasa poliinsaturada, 0.6 g
    Grasa monoinsaturada 2.6 g
Carbohidratos total, 5 g
    Fibra dietética, 0 g
    Azúcar, 0 g
Proteínas, 2 g
Sodio, 407 mg

pollo a la marsala

Si desea hacer esta receta vegetariana, use tofu firme en lugar de pollo. Sofría en mantequilla el tofu cortado en cuadraditos y rocíelo con una cucharada de azúcar morena. Después sólo tiene que agregar el tofu a la sartén al mismo tiempo que las aceitunas, las alcaparras y el perejil. A mi hijo Chris, que es vegetariano, le encanta esta receta. La he preparado en casa especialmente para él y ahora la versión vegetariana es uno de los platos favoritos de toda la familia. —Maya

Tiempo de preparación: 20 minutos | **Tiempo total:** 1 hora y 15 minutos | **6 Porciones**

Harina, ¼ de taza

Sal y pimienta negra molida Pimienta de Cayena, al gusto

Muslos y contramuslos de pollo, sin piel, 6 presas

Aceite de oliva, 1½ cucharadas

Cebolla amarilla cortada en tiras delgadas y largas, 1

Orégano seco o fresco, 1 cucharadita

Tomates Roma, finamente picados, 2

Vino Marsala, ½ taza

Caldo de pollo bajo en sodio, ½ taza

Aceitunas verdes, ¼ de taza

Alcaparras escurridas, 1 cucharada

Perejil de hoja lisa picado, ¼ de taza

1 Coloque la harina en un plato y agregue una pizca de sal, una pizca de pimienta y una pizca de pimienta de Cayena. Mezcle bien. Cubra cada presa de pollo con la harina condimentada; sacuda el exceso de harina.

2 Caliente el aceite en una sartén y dore las presas de pollo. Retírelas del fuego y resérvelas.

3 Agregue la cebolla a la misma sartén. Cuando comience a dorarse, añada el orégano y sólo una pizca de pimienta negra. Agregue los tomates, el vino y el caldo de pollo. Vuelva a colocar el pollo en la sartén y baje el fuego. Tape y cocine a fuego lento aproximadamente por 45 minutos.

4 Cinco minutos antes de servir, agregue las aceitunas verdes, las alcaparras y el perejil. Cocine por otros 5 minutos. Pruebe y si es necesario, agregue sal. Sirva con arroz y los vegetales que prefiera.

Información por porción
Calorías, 177
Grasa total, 8.5 g
    Grasas saturadas, 1.7 g
    Grasas trans, 0.0 g
    Grasa poliinsaturada, 1.4 g
    Grasa monoinsaturada 4.6 g
Carbohidratos total, 9 g
    Fibra dietética, 1 g
    Azúcar, 3 g
Proteínas, 14 g
Sodio, 219 mg

lasaña de atún

Pasta para lasaña, 1 libra (12 láminas)

Pimiento morrón verde, sin tallo y sin semillas, finamente picado, 1

Cebolla amarilla, finamente picada, ½

Apio finamente picado, 1 tallo

Perejil de hoja lisa, finamente picado, 2 cucharadas

Ajo triturado, 1 diente

Vegetales mixtos congelados, 2 tazas

Atún bajo en grasa, conservado en agua en trozos grandes, escurrido, 2 latas (12 onzas)

Salsa de tomate, 1 lata (8 onzas)

Aceitunas verdes sin semilla y cortadas en rodajas, ½ taza

Sal y pimienta negra molida, al gusto

Salsa de tomate casera (página 16) o salsa marinara comprada, 2 tazas

Queso mozzarella bajo en grasa rallado, 2 tazas

Queso parmesano rallado, ½ taza

Esta lasaña es un plato digno de reyes. El atún, por su parte, es una magnífica alternativa a la carne de res molida. ¡Buen provecho! —Malena

Tiempo de preparación: 25 minutos | **Tiempo total:** 1 hora y 30 minutos | **10 Porciones**

1 Precaliente el horno a 350 °F.

2 Cocine la pasta, enjuáguela con agua fría y resérvela.

3 Rocíe el fondo de una sartén con un rociador de aceite. A fuego medio, sofría por el pimiento verde, la cebolla, el apio, el perejil y el ajo por 5 minutos. Agregue los vegetales mixtos y cocínelos por 3 minutos.

4 Incorpore el atún escurrido y la lata de salsa de tomate. Cocine por 5 minutos. Añada las aceitunas, la sal y la pimienta; y resérvelo.

5 Distribuya ½ taza de salsa de tomate casera en una bandeja para hornear de 9 × 13 pulgadas (24 cm × 34 cm). Encima de la salsa de tomate coloque una capa de pasta. Agregue una capa de salsa de tomate casera, luego la mitad de la mezcla de atún y una capa de queso mozzarella.

6 Coloque encima una segunda capa de pasta, luego el resto de la salsa de tomate casera, lo que queda de la mezcla de atún y una capa de queso mozzarella (reservando aproximadamente ½ taza para cubrir la lasaña al final). Coloque una capa más de pasta. Cúbrala con el queso mozzarella restante y el queso parmesano.

7 Cubra con papel de aluminio y hornee por 35 minutos. Destape y hornee otros 10 a 15 minutos o hasta que el queso se haya derretido. Deje que repose unos minutos antes de servir.

Información por porción
Calorías, 352
Grasa total, 7.9 g
  Grasas saturadas, 3.6 g
  Grasas trans, 0.0 g
  Grasa poliinsaturada, 1.0 g
  Grasa monoinsaturada 2.0 g
Carbohidratos total, 44 g
  Fibra dietética, 4 g
  Azúcar, 7 g
Proteínas, 27 g
Sodio, 650 mg

albóndigas de carne en salsa de chipotle

La primera vez que probé estas albóndigas picantes fue en casa de una amiga y me gustaron mucho. Los chiles chipotle en salsa de adobo pueden conseguirse envasados en latas pequeñas en la sección de productos hispanos de la mayoría de los supermercados. Si nunca los ha usado, comience con una cantidad mínima y pruebe la salsa antes de agregar más. Sirva estas albóndigas con arroz y los vegetales que prefiera. —Martín

Ajo, 2 dientes, en cantidades divididas

Pechuga de pavo molida, 1 libra

Huevo, 1

Comino molido, 1 cucharadita

Hojas de yerba buena o menta secas, 1½ cucharadita, o 1 cucharada de yerba buena o menta fresca picada

Pasas, ⅓ de taza (aproximadamente una cajita)

Pan molido, ⅓ de taza

Cebolla picada, ¾ de taza, en cantidades divididas

Aceite de canola, 1 cucharada

Tomates, 3 ó 4 grandes (aproximadamente 1 libra) o 1 lata (28 onzas) de tomates enteros asados al fuego

Gránulos de consomé de pollo bajo en sodio, 1 cucharada, o 1 cubito de consomé de pollo bajo en sodio

Chiles chipotle en salsa de adobo finamente picados, 1 ó 2, o al gusto

Agua (opcional), ½ taza

Tiempo de preparación: 30 minutos | **Tiempo total:** 1 hora | **6 Porciones** (cuatro albóndigas por porción)

1 Triture un diente de ajo. En un recipiente grande, mezcle la pechuga de pavo molida, el huevo, el comino, la yerba buena o menta, las pasas y el pan molido con ¼ de taza de cebolla picada y el ajo triturado. Mezcle bien. Haga bolas de carne de tamaño mediano.

2 En una sartén, caliente el aceite y fría las albóndigas por 5 minutos, dándoles la vuelta para que se doren de manera uniforme. Sáquelas y resérvelas. (También puede hornear las albóndigas a 350 °F de 25 a 30 minutos, dándoles la vuelta una vez).

3 En una sartén seca, ase los tomates a fuego medio, dándoles la vuelta para que se cocinen por todos los lados, por 10 minutos, o hasta que las cáscaras se hayan ablandado y oscurecido.

4 Coloque los tomates en una licuadora junto con el resto de la ½ taza de cebolla, el otro diente de ajo y el consomé de pollo; y licuar. Agregue los chiles chipotle y licúe. Si usa tomates frescos, agregue ½ taza de agua y vuelva a licuar. Pruebe la salsa y si lo desea, añada más chiles chipotle.

5 Vierta la salsa licuada en una olla y cocine a fuego alto por 5 minutos o hasta que comience a hervir. Cuando la salsa comience a hervir, agregue las albóndigas, baje el fuego a medio-bajo, tape la olla y cocine hasta que las albóndigas estén completamente cocidas, alrededor de 20 a 25 minutos.

Información por porción
Calorías, 196
Grasa total, 5.3 g
   Grasas saturadas, 0.9 g
   Grasas trans, 0.0 g
   Grasa poliinsaturada, 1.6 g
   Grasa monoinsaturada 2.4 g
Carbohidratos total, 16 g
   Fibra dietética, 2 g
   Azúcar, 8 g
Proteínas, 22 g
Sodio, 360 mg

pollo guisado

Pollo, 1 entero, cortado en 8 piezas (2 pechugas abiertas, 2 muslos, 2 contramuslos y 2 alas)

Pasta de achiote ("annatto paste"), 1 cucharada

Comino molido, ½ cucharadita

Salsa inglesa Worcestershire, 2 cucharadas

Sofrito de Malena (página 11), 2 cucharadas

Aceite de canola, 1 cucharada

Cebollas peladas y cortadas en cuartos, 2

Pimiento morrón verde, sin tallo y sin semillas, picado, 1

Hojas de cilantro, ½ taza

Apio picado, 1 tallo (aproximadamente ½ taza)

Zanahorias peladas y cortadas en rodajas, 3

Salsa de tomate casera (página 16), 3½ tazas, o 1 lata (28 onzas) de tomates triturados asados al fuego

Este pollo guisado puede hacerse en el horno o en una olla eléctrica de cocción lenta. Usar una olla eléctrica de cocción lenta puede ser muy útil para las familias ocupadas que quieren tener la cena lista cuando regresan a casa después de un largo día. Me gusta servir este estofado con arroz y frijoles. A mi esposo Bill, no le gusta mucho el cilantro; por eso acostumbro agregar el cilantro en rama para que sea más fácil retirarlo antes de servir el pollo guisado. —Malena

---

Tiempo de preparación: 30 minutos | **Tiempo total:** de 2 horas a 3 horas (incluyendo el tiempo necesario para el marinado) | **6 Porciones**

---

1 Si va a usar el horno en lugar de una olla de cocción lenta, precaliente el horno a 350 °F. Independientemente de cuál de estos dos métodos de cocción elija, la preparación es la misma.

2 Lave el pollo, quítele la piel y el exceso de grasa. Coloque las presas de pollo en una bandeja Pyrex o de vidrio y agregue la pasta de achiote, el comino, la salsa Worcestershire y el sofrito. Revuelva bien para cubrir el pollo. Tape el pollo y deje que se marine en el refrigerador 1 a 2 horas.

3 En una sartén, caliente el aceite de canola a fuego medio-alto y fría el pollo aproximadamente por 3 minutos por cada lado, hasta que esté dorado pero sin necesidad de cocinarse por dentro. Es posible que tenga que freír el pollo por tandas.

4 Coloque las cebollas, el pimiento morrón verde, el cilantro, el apio y las zanahorias en una bandeja para hornear o en una olla de cocción lenta y mezcle bien. Coloque el pollo sobre los vegetales y cúbralo con la salsa de tomate.

5 Si usa el horno, cubra la bandeja con papel de aluminio y hornee de 35 a 40 minutos, dándole la vuelta a las presas de pollo después de 25 minutos para que se cocinen de forma uniforme. Si usa una olla de cocción lenta, cocine a temperatura baja por 5 horas.

Información por porción
Calorías, 230
Grasa total, 7.1 g
    Grasas saturadas, 1.4 g
    Grasas trans, 0.0 g
    Grasa poliinsaturada, 1.8 g
    Grasa monoinsaturada 3.1 g
Carbohidratos total, 18 g
    Fibra dietética, 4 g
    Azúcar, 10 g
Proteínas, 22 g
Sodio, 600 mg

rollitos de pollo a la suprema

Esta receta es ideal para fiestas y reuniones; y a los niños también les encanta.
—*Martín*

Tiempo de preparación: 15 minutos | **Tiempo total:** 45 minutos | **4 Porciones**

1 Precaliente el horno a 400 °F.

2 Coloque cada pechuga de pollo entre dos láminas de plástico y golpéela tratando de adelgazarla para que tenga un grosor uniforme. Sazone con sal y pimienta.

3 En un recipiente, mezcle bien el tomate, la espinaca, la albahaca, el queso, las almendras, el orégano y una pizca de pimienta negra. Unte unas 2 cucharadas de esta mezcla sobre cada pechuga de pollo. Enrolle las pechugas y asegúrelas con palillos de dientes.

4 Rocíe una sartén con un rociador de aceite y dore los rollitos de pollo por todos lados. Pase los rollitos de pollo a una bandeja para hornear engrasada.

5 Coloque 1 cucharadita de mantequilla encima de cada rollito. Hornee de 25 a 30 minutos o hasta que la temperatura interna del pollo alcance los 165 °F.

Pechugas de pollo sin piel y sin hueso, 4

Sal y pimienta negra molida

Tomate sin semillas, finamente picado, 1 grande

Espinaca fresca, sin tallos, picada, 1 manojo

Hojas de albahaca fresca, picadas, 6

Queso parmesano rallado, ¼ de taza

Almendras fileteadas, ¼ de taza

Orégano seco, ¼ de cucharadita

Mantequilla, 4 cucharaditas

Información por porción
Calorías, 277
Grasa total, 13.0 g
    Grasas saturadas, 4.7 g
    Grasas trans, 0.2 g
    Grasa poliinsaturada, 2.0 g
    Grasa monoinsaturada 5.1 g
Carbohidratos total, 5 g
    Fibra dietética, 2 g
    Azúcar, 2 g
Proteínas, 35 g
Sodio, 188 mg

delicia del mar y del huerto

Cebolla roja o amarilla, pelada y cortada en juliana (en tiras delgadas), 1 grande

Ajo triturado, 1 diente

Pimiento morrón verde, sin tallo y sin semillas, cortado en juliana, 1

Pimiento morrón rojo, sin tallo y sin semillas, cortado en juliana, 1

Pimiento morrón amarillo, sin tallo y sin semillas, cortado en juliana, 1

Tomates, pelados y cortados en juliana, 2 grandes

Sal, ½ cucharadita

Pescado blanco firme (por ejemplo, tilapia y "orange roughy"), 3 filetes

Comino molido, ¼ de cucharadita

Pimienta con limón, ½ cucharadita

Aceite de canola, 1 cucharada

Camarones pequeños o medianos, limpios, sin vena y sin cola, ½ libra

Escalopes (conchas de vieiras o callos de hacha), ½ libra

Jugo de 1 ó 2 limones

Perejil de hoja lisa picado, ¼ de taza

Este es un plato fácil pero muy especial que me gusta preparar para mis amigos... ¡y a ellos les encanta! —Maya

Tiempo de preparación: 15 minutos | **Tiempo total:** 30 minutos | **6 Porciones**

1 Rocíe una sartén grande con un rociador de aceite. A fuego medio, sofría la cebolla hasta que esté dorada. Agregue el ajo y los pimientos morrones y sofría por 2 minutos. Agregue los tomates y ¼ de cucharadita de sal. Baje el fuego y cocine por 5 minutos. Saque los vegetales de la sartén y déjelos aparte.

2 Corte los filetes de pescado por la mitad. Sazónelos con comino, el resto de la sal y la pimienta con limón.

3 En la misma sartén, caliente el aceite de canola a fuego medio. Agregue los filetes de pescado y áselos por 2 minutos o hasta que estén dorados por ese lado. Deles la vuelta con cuidado para que no se desmenucen y cúbralos con la mezcla de vegetales. Deje que se cocinen por otros 2 minutos o hasta que se hayan dorado por el otro lado.

4 Agregue los camarones, los escalopes y el jugo de un limón. Baje el fuego y cocine aproximadamente de 5 a 7 minutos o hasta que los camarones se hayan cocido y estén de color rosa.

5 Antes de servir, pruebe y de ser necesario, añada más jugo de limón. Agregue el perejil picado. Acompañe con arroz. Si lo desea, adorne con más perejil.

Información por porción
Calorías, 179
Grasa total, 4.3 g
  Grasas saturadas, 0.8 g
  Grasas trans, 0.0 g
  Grasa poliinsaturada, 1.2 g
  Grasa monoinsaturada 2.0 g
Carbohidratos total, 13 g
  Fibra dietética, 3 g
  Azúcar, 6 g
Proteínas, 24 g
Sodio, 172 mg

pollo en salsa cremosa de cilantro

Maíz blanco congelado, 2½ tazas, descongelado, o 2 latas (15 onzas) de maíz blanco tipo Shoepeg

Hojas de cilantro, ⅓ de taza

Espinaca tierna, 1 taza

Leche (descremada sin grasa o de 1%), de 1 a 1½ taza

Aceite de canola, 2 cucharaditas

Cebolla blanca finamente picada, ½ taza

Ajo triturado, 1 diente

Comino molido, ½ cucharadita

Sal y pimienta negra molida

Pechugas de pollo sin hueso y sin piel, cortadas en tiras delgadas, 3

Esta receta es una creación mía con el recuerdo del sabor de los tamalitos verdes peruanos, hechos con cilantro, pero sin tanto trabajo. El sabor del maíz blanco tipo Shoepeg, a diferencia del maíz amarillo, me recuerda al sabor del maíz del Perú, aunque los granos son mucho más pequeños. Me gusta servir este plato acompañado de arroz y adornado con rodajas de huevo duro. —Maya

Tiempo de preparación: 15 minutos | **Tiempo total:** de 45 minutos a 1 hora | **6 Porciones**

1 Combine el maíz, el cilantro, la espinaca y 1 taza de leche en un procesador de alimentos o una licuadora y mezcle bien. Es posible que tenga que hacer este paso por tandas.

2 En una sartén grande y honda, caliente 1 cucharadita de aceite de canola y sofría la cebolla picada. Cuando la cebolla esté transparente, agregue el ajo. Sazone con ¼ de cucharadita de comino, una pizca de sal y una pizca de pimienta. Sofría por 5 minutos.

3 Vierta la mezcla de maíz en la sartén y cocine a fuego medio, revolviendo con frecuencia, de 5 a 10 minutos o hasta que comience a hervir. Si la mezcla está demasiado espesa, agregue de ¼ a ½ taza de leche. Baje la intensidad del fuego y cocine a fuego lento por 5 minutos.

4 Sazone el pollo con el otro ¼ de cucharadita de comino molido, sal y pimienta. En otra sartén, caliente la otra cucharadita de aceite de canola y fría el pollo hasta que esté dorado y esté bien cocido.

5 Transfiera el pollo a la sartén que tiene la mezcla del maíz y cocine a fuego lento por otros 5 a 7 minutos.

Información por porción
Calorías, 178
Grasa total, 3.9 g
  Grasas saturadas, 0.7 g
  Grasas trans, 0.0 g
  Grasa poliinsaturada, 1.1 g
  Grasa monoinsaturada 1.7 g
Carbohidratos total, 18 g
  Fibra dietética, 2 g
  Azúcar, 5 g
Proteínas, 19 g
Sodio, 64 mg

arroz exótico con mariscos

El ingrediente secreto de este plato es el achiote, una especia suave de uso frecuente en la cocina latina. Se consigue en polvo o en tubos de pasta en los mercados que venden productos hispanos. También puede usar azafrán, aunque es mucho más costoso. —Malena

Tiempo de preparación: 15 minutos | **Tiempo total:** 1 hora | **6 Porciones**

1 Descongele los mariscos congelados y colóquelos en un recipiente de vidrio. Agregue los camarones y rocíe 2 cucharadas de sofrito y una pizca de sal y de pimienta. Revuelva para mezclar. Refrigere los mariscos mientras prepara el resto de los ingredientes.

2 En una olla con capacidad para 5-6 cuartos (un litro y medio), caliente el aceite de oliva a fuego medio-alto. Sofría la cebolla, el pimiento verde, el ajo, el apio y los cebollines aproximadamente por 5 minutos o hasta que estén tiernos, revolviendo con frecuencia. Agregue el arroz y mezcle bien. Agregue los mariscos.

3 Añada 4½ tazas de agua a la olla y revuelva por 1 minuto. Haga hervir y agregue el condimento de achiote y el cilantro. Mezcle para unir los ingredientes y deje que se cocinen por 1 minuto. Rectifique la sazón y si es necesario, agregue sal y pimienta.

4 Baje el fuego a medio y cocine por 25 minutos o hasta que la cantidad de agua se reduzca hasta el mismo nivel del arroz. Agregue encima las arvejas (guisantes, chícharos) y las zanahorias, así como las aceitunas, sin revolver el arroz. Tape la olla y cocine a fuego lento por otros 30 minutos o hasta que el arroz esté completamente cocido.

5 Deje la olla tapada hasta el momento de servir. Justo antes de servir, revuelva el arroz para mezclarlo.

Variedad de mariscos congelados (cangrejo, pulpo, calamar y camarones), 1 libra

Camarones pequeños frescos o congelados, limpios, sin vena y sin cola, ½ libra

Sofrito de Malena (página 11) (opcional), 2 cucharadas

Sal y pimienta negra molida

Aceite de oliva, 1 cucharada

Cebolla picada, ½

Pimiento morrón verde, sin tallo y sin semillas, finamente picado, 1

Ajo triturado, 1 diente

Apio finamente picado, 1 tallo

Cebollines cortados en rodajas delgadas, 3

Arroz integral de grano largo, sin cocer, lavado y escurrido, 2 tazas

Agua, 4½ tazas

Condimento de achiote ("annatto seasoning") o azafrán seco, 1 cucharada

Hojas de cilantro picadas, 2 cucharadas

Arvejas (guisantes, chícharos) y zanahorias congeladas, 1 taza, o 1 lata pequeña (8.5 onzas) escurrida

Aceitunas verdes rellenas con pimiento, cortadas en rebanadas, ⅓ de taza

Información por porción
Calorías, 352
Grasa total, 6.3 g
    Grasas saturadas, 1.0 g
    Grasas trans, 0.0 g
    Grasa poliinsaturada, 1.4 g
    Grasa monoinsaturada 3.2 g
Carbohidratos total, 55 g
    Fibra dietética, 5 g
    Azúcar, 5 g
Proteínas, 18 g
Sodio, 655 mg

berenjena apetitosa al estilo manoli

Berenjena, 1 grande

Sal, 2 cucharaditas

Pimienta negra molida, 1 cucharadita, en partes

Orégano seco, 1 cucharadita

Aceite de oliva extra virgen, 4 cucharadas

Ajo cortado en rodajas delgadas, 3 dientes

Vinagre balsámico, 1 cucharadita

Jugo de limón recién exprimido, ⅓ de taza

Pimiento rojo asado, cortado en tiritas, 1 cucharada

Perejil de hoja lisa picado, 2 cucharadas

Mi amigo el chef Emmanuel "Manoli" Kalormakis tenía una pasión por la cocina griega y la cocina italiana. Tuve la oportunidad de visitarlo en Panamá a principios de 2009. Un sábado por la tarde, nos sentamos a conversar sobre la cocina panameña, la berenjena y otros vegetales que quería incluir en este libro. Durante mi visita, me enseñó a preparar este plato. Lamentablemente, el chef Manoli se nos fue de este mundo dos semanas después, pero antes de irse nos dejó de obsequio esta receta. Manoli, siempre serás recordado por todos los platos deliciosos que serviste en tus restaurantes, y ahora en memoria tuya publicamos aquí esta receta. ¡En honor a ti, Manoli! —Malena

Tiempo de preparación: 15 minutos | **Tiempo total:** 30 minutos | **6 Porciones**

1 Precaliente el horno a 350 °F.

2 Pele la berenjena y córtela a lo largo en rebanadas de ¼ de pulgada de grosor. Coloque la berenjena en un recipiente con suficiente agua salada para cubrirla. Déjela remojar por 5 minutos. Saque la berenjena del agua, enjuague y escurra. Colóquela en una bandeja para hornear.

3 Sazone la berenjena con 1 cucharadita de sal, ½ cucharadita de pimienta negra y el orégano. Rocíe 2 cucharadas de aceite de oliva y eche por encima el ajo rebanado. Hornee por 15 a 20 minutos o hasta que la berenjena esté seca.

4 Mientras se hornea la berenjena, en un plato grande para servir, combine el vinagre balsámico, el jugo de limón, el resto del aceite de oliva y el resto de la sal y la pimienta.

5 Saque la berenjena del horno. Corte cada rebanada en cuatro o seis tiras a lo largo y colóquelas en el plato de servir con la salsa de vinagre. Revuelva para que la salsa cubra la berenjena. Adorne con pimiento rojo asado cortado en tiras y perejil picado; y sirva.

Información por porción
Calorías, 125
Grasa total, 9.3 g
  Grasas saturadas, 1.3 g
  Grasas trans, 0.0 g
  Grasa poliinsaturada, 1.1 g
  Grasa monoinsaturada 6.6 g
Carbohidratos total, 11 g
  Fibra dietética, 3 g
  Azúcar, 4 g
Proteínas, 1 g
Sodio, 794 mg

notas

_____

_____

_____

_____

_____

_____

_____

_____

_____

_____

_____

postres

crema de ricotta con frutas del bosque

Para esta receta necesita néctar de agave (llamado también sirope de agave), que es un edulcorante natural. Si no puede conseguirlo, use miel de abejas en su lugar. Si hace la receta con fresas, lávelas y córtelas por la mitad antes de mezclarlas con el azúcar y el jugo de limón. —Maya

Frutas del bosque frescas (por ejemplo, fresas, frambuesas o moras), 1 taza

Azúcar no refinada o azúcar morena, 1 cucharadita

Jugo de ½ limón o de lima

Queso ricotta parcialmente descremado, 3 tazas

Extracto de vainilla, ¼ de cucharadita

Néctar de agave, 3 cucharadas

Tiempo de preparación: 15 minutos | **Tiempo total:** 1 hora y 15 minutos | **6 Porciones**

---

1 Coloque las frutas del bosque en un recipiente de vidrio con el azúcar y el jugo de medio limón. Revuelva con cuidado para mezclarlas sin deshacerse. Refrigérela por 1 hora para que suelten sus jugos naturales.

2 En un tazón aparte, mezcle el queso ricotta, el extracto de vainilla y el néctar de agave. Coloque la mezcla de ricotta en el refrigerador para que se enfríe.

3 Para servir, ponga un par de cucharadas de ricotta en una copa de vidrio y encima una cucharada grande de la mezcla de frutas.

Información por porción
Calorías, 206
Grasa total, 9.8 g
  Grasas saturadas, 6.1 g
  Grasas trans, 0.0 g
  Grasa poliinsaturada, 0.4 g
  Grasa monoinsaturada 2.9 g
Carbohidratos total, 16 g
  Fibra dietética, 1 g
  Azúcar, 8 g
Proteínas, 14 g
Sodio, 160 mg

ensalada de frutas con jengibre

Naranja pelada y separada por gajos, 1

Toronja pelada y separada por gajos, 1

Mango pelado, sin pepa y cortado en cuadrados, 1

Manzana pelada, sin corazón y cortada en cuadrados medianos, 1

Pera pelada, sin corazón y cortada en cuadrados medianos, 1

Melocotón (durazno) pelado, sin semillas y cortado en cuadrados medianos, 1

Fresas limpias y cortadas por la mitad, 1 taza

Jugo de naranja, 1 taza

Azúcar morena, 2 cucharadas

Jengibre molido, 1 cucharadita

Yogur natural bajo en grasa, 1 taza

Esta ensalada de frutas inspirada en el Mediterráneo es deliciosa y poco usual. Separar por gajos una naranja (o cualquier otra fruta cítrica) es fácil. Primero, corte la parte superior y la parte inferior de la naranja. Pele la naranja cortando la cáscara junto con la corteza blanca, en una tira de arriba hacia abajo. Después de quitar toda la cáscara, sostenga la naranja en su mano y con un cuchillo pequeño bien filudo separe con cuidado cada uno de los gajos de la naranja de sus membranas. —Malena

Tiempo de preparación: 30 minutos | **Tiempo total:** de 45 minutos a 1 hora | **6 Porciones**

1 En un recipiente grande, combine la naranja, la toronja, el mango, la manzana, la pera, el melocotón y las fresas.

2 En otro recipiente, combine el jugo de naranja, el azúcar morena y el jengibre molido. Mezcle bien y viértalo sobre la fruta.

3 Deje que repose en el refrigerador por 15 minutos o hasta la hora de servir.

4 Cuando vaya a servirlo, agregue el yogur y mezcle bien.

Información por porción
Calorías, 161
Grasa total, 1.1 g
　Grasas saturadas, 0.5 g
　Grasas trans, 0.0 g
　Grasa poliinsaturada, 0.2 g
　Grasa monoinsaturada 0.3 g
Carbohidratos total, 37 g
　Fibra dietética, 4 g
　Azúcar, 30 g
Proteínas, 4 g
Sodio, 31 mg

arroz con leche

Esta receta fácil de arroz con leche es deliciosa, económica y puede prepararse un día antes. —Maya

Tiempo de preparación: 15 minutos | **Tiempo total:** 1 hora y 15 minutos | **10 Porciones**

1 Lave el arroz en un colador o recipiente con agua y enjuáguelo bien hasta que el agua salga clara.

2 Coloque el arroz en una olla de fondo grueso y agregue 4 tazas de agua, la raja de canela, los clavos de olor, el anís estrellado y la cáscara de limón.

3 Deje hervir a fuego medio-alto y cocine parcialmente tapado, por 15 a 20 minutos, sin revolver, hasta que el arroz esté casi cocido. Retire la cáscara de limón y la raja de canela.

4 Agregue la leche y baje el fuego a medio-bajo. Cocine por 15 minutos o hasta que el arroz esté completamente cocido, revolviendo con frecuencia con una cucharada de madera para evitar que el arroz se pegue y se queme. Pruebe el arroz para ver si está cocido. Nunca le añada ingredientes dulces si el arroz no está bien cocido, porque se quedará "al dente", que no es ideal para postres. Retire los clavos de olor y el anís estrellado.

5 Agregue las pasas, la leche condensada, el coco rallado y las nueces. Cocine a fuego lento por otros 15 minutos o hasta que la mezcla se espese, revolviendo con frecuencia. Agregue la vainilla, la sal y el ron; y cocine por 5 minutos. Pruebe el arroz y si es necesario, agregue azúcar y siga cocinando a fuego lento por unos 5 minutos más. Retire del fuego y deje que se enfríe.

6 Sirva a temperatura ambiente o frío en copas pequeñas de vidrio y adorne con canela molida.

Arroz blanco de grano medio o pequeño, sin cocer, 2 tazas

Agua, 4 tazas

Canela entera, 1

Clavos de olor enteros, 5

Anís estrellado (opcional), 3 vainas

Cáscara de 1 limón

Leche (descremada de 1%), 4 tazas

Pasas, ½ taza

Leche condensada sin grasa, 1 lata (14 onzas)

Coco rallado sin azúcar, ½ taza

Nueces de Castilla o almendras fileteadas trituradas, ¼ de taza

Extracto de vainilla, 1 cucharada

Sal, ½ cucharadita

Ron o cualquier licor de fruta (opcional), 2 cucharadas

Azúcar (opcional), ½ taza

Canela molida, 1 cucharadita

Información por porción
Calorías, 214
Grasa total, 2.9 g
    Grasas saturadas, 1.6 g
    Grasas trans, 0.0 g
    Grasa poliinsaturada, 0.7 g
    Grasa monoinsaturada 0.3 g
Carbohidratos total, 42 g
    Fibra dietética, 1 g
    Azúcar, 24 g
Proteínas, 6 g
Sodio, 114 mg

fresas de fiesta

Azúcar, ¼ de taza

Jugo de naranja, ⅓ de taza

Fresas frescas cortadas en rebanadas,
2 tazas

Coñac con esencia de naranja, ⅓ de taza

Pimienta verde molida, ½ cucharadita

Yogur helado de vainilla o limón sin grasa, 1 pinta

Menta fresca

Este postre es perfecto para ocasiones especiales. —*Martín*

Tiempo de preparación: 10 minutos | **Tiempo total:** 15 minutos | **6 Porciones**

1 Coloque el azúcar en una sartén a fuego medio. Agregue el jugo de naranja y revuelva la mezcla hasta que comience a hervir.

2 Agregue las fresas a la sartén y cocínelas unos minutos hasta que se calienten.

3 Vierta el coñac sobre las fresas y deje que se cocinen por unos 3 minutos.

4 Agregue la pimienta verde molida y mezcle con cuidado.

5 Sirva ⅓ de taza de yogur helado en una copa de vidrio y cúbralo con las fresas. Adorne con una hoja de menta.

Información por porción
Calorías, 147
Grasa total, 0.2 g
    Grasas saturadas, 0.0 g
    Grasas trans, 0.0 g
    Grasa poliinsaturada, 0.1 g
    Grasa monoinsaturada 0.0 g
Carbohidratos total, 27 g
    Fibra dietética, 1 g
    Azúcar, 24 g
Proteínas, 3 g
Sodio, 41 mg

"crepas" de dulce de leche

Tortillas de harina, 8 pequeñas

Dulce de leche (o cajeta), 1 taza

Nueces (de nogal) ("walnuts"),
trituradas en trozos pequeños, ½ taza

Bananas (plátanos, guineos) cortadas
en rodajas delgadas, 3

Esta receta de "crepas" la creé para un evento de comidas que patrocinó una marca de tortillas de harina. Mi reto era preparar un plato nuevo y delicioso usando tortillas de harina, que tentara al público asistente. Tuve la idea de hacer una receta con dulce de leche o cajeta, que se vende en latas en la mayoría de los supermercados, en la sección de productos hispanos. Teníamos bananas (plátanos, guineos) a la mano y la combinación de estos dos ingredientes fue del agrado de la inmensa mayoría. ¡Misión cumplida! —Martín

Tiempo de preparación: 5 minutos | **Tiempo total:** 20 minutos | **8 Porciones**

1 Rocíe una sartén con un rociador de aceite y póngala a fuego medio-alto. Caliente las tortillas una por una hasta que se hayan ablandado y estén ligeramente doradas por ambos lados.

2 Mientras las tortillas aún estén calientes, unte 2 cucharadas de dulce de leche o cajeta en cada tortilla. Cubra con nueces picadas y rebanadas de banana (plátano, guineo) sólo en la mitad de la tortilla. Doble por la mitad y sirva.

Información por porción
Calorías, 304
Grasa total, 11.2 g
    Grasas saturadas, 2.7 g
    Grasas trans, 0.1 g
    Grasa poliinsaturada, 4.2 g
    Grasa monoinsaturada 2.6 g
Carbohidratos total, 48 g
    Fibra dietética, 3 g
    Azúcar, 27 g
Proteínas, 5 g
Sodio, 284 mg

mousse brasileño

Esta receta me la dio mi amiga brasileña Cristina Silva. Me contó que es un postre muy común y que gusta mucho en Brasil. Otros nombres del maracuyá son: parcha, chinola o fruta de la pasión. Si no consigue el jugo concentrado congelado para esta receta, puede sustituirlo con jugo de naranja recién exprimido. Puede agregar una cucharadita de extracto de vainilla para conseguir un sabor ligeramente distinto.

Como esta receta lleva claras de huevo crudas, asegúrese de usar huevos pasteurizados. —Maya

Leche condensada baja en grasa, 1 lata (13 onzas)

Concentrado congelado de maracuyá, 1 taza

Claras de huevo, 3

Gelatina sin sabor (por ejemplo, Knox), 1 sobre

Tiempo de preparación: 30 minutos | **Tiempo total:** 6 horas y 30 minutos (incluyendo la refrigeración) | **8 Porciones**

---

1 Licúe la leche condensada con el jugo concentrado de maracuyá.

2 Usando una batidora eléctrica o de mano, bata las claras de huevo a punto de nieve (hasta que formen picos). Con movimientos envolventes incorpore la leche condensada licuada con el jugo de maracuyá.

3 Disuelva la gelatina siguiendo las instrucciones del paquete. Agréguela a la mezcla.

4 Con agua helada enjuague un molde en forma de aro y vierta la mezcla en el molde. También puede usar copas individuales en lugar del molde. Refrigere por 6 horas.

5 Para servir, desmolde el mousse en un plato redondo grande o preséntelo en las copas individuales de vidrio.

Información por porción
Calorías, 214
Grasa total, 2.5 g
   Grasas saturadas, 1.6 g
   Grasas trans, 0.0 g
   Grasa poliinsaturada, 0.0 g
   Grasa monoinsaturada 0.7 g
Carbohidratos total, 39 g
   Fibra dietética, 0 g
   Azúcar, 38 g
Proteínas, 8 g
Sodio, 88 mg

pastel fácil de "cuatro leches"

Bizcotelas ("ladyfinger cookies"), 48

Dulce de leche, de ½ a ¾ de taza

Leche condensada, baja en grasa, 1 taza

Crema batida ("whipped cream") baja en grasa, 1 taza

Leche evaporada sin grasa, 1 taza

Frutas del bosque frescas (frambuesas, moras y fresas cortadas en rebanadas), 3 tazas

Este postre es ideal para fiestas y ocasiones especiales. Esta receta es una versión sencilla y rápida del pastel de "tres leches" tradicional. El dulce de leche se consigue en la mayoría de los supermercados, en la sección de productos hispanos. —Malena

Tiempo de preparación: 30 minutos | **Tiempo total:** 8 horas (incluyendo la refrigeración) | **12 Porciones**

1 Coloque una capa de bizcotelas cubriendo el fondo de una bandeja de vidrio o Pyrex de 11 × 8 pulgadas.

2 En el horno de microondas o en una olla, caliente ligeramente el dulce de leche hasta que esté suave y sea fácil untarlo. Use una espátula para untar una capa delgada de dulce de leche encima de las bizcotelas. Coloque otra capa de bizcotelas encima del dulce de leche. Con un palillo de dientes, haga varios agujeros en cada bizcotela.

3 Coloque la bandeja al congelador por 20 a 30 minutos para que el dulce de leche se endurezca.

4 Una vez que el dulce de leche esté duro, retire la bandeja del congelador. Coloque en la licuadora la leche condensada, la crema batida y la leche evaporada; y mézclelas bien de 1 a 2 minutos. Vierta esta mezcla poco a poco sobre las bizcotelas.

5 Refrigere de un día para otro y sirva al día siguiente. Antes de servir, adorne con frutas del bosque.

Para reducir las calorías, en esta versión de cuatro leches se usan leches bajas en grasa y no lleva el merengue por encima. Si puede conseguirlas, use bizcotelas recién hechas, que podrían venderse en la panadería de su supermercado.

Información por porción
Calorías, 372
Grasa total, 12.6 g
    Grasas saturadas, 6.6 g
    Grasas trans, 0.0 g
    Grasa poliinsaturada, 1.0 g
    Grasa monoinsaturada 4.2 g
Carbohidratos total, 56 g
    Fibra dietética, 2 g
    Azúcar, 51 g
Proteínas, 9 g
Sodio, 154 mg

notas

cómo abastecer su cocina para fomentar una alimentación saludable

Es buena idea abastecer su cocina y su despensa con una variedad de alimentos saludables. Tener a la mano los ingredientes que le presentamos a continuación le ayudará a preparar con facilidad sabrosas comidas en aquellos días en los que lo último que desea es tener que pasar por el supermercado antes de llegar a casa.

En la despensa

- Frijoles enlatados como por ejemplo, frijoles negros, garbanzos, frijoles cannellini, frijoles pintos, frijoles rojos, frijoles de ojo negro y frijoles refritos (que no tengan manteca).
- Cereales como por ejemplo, arroz integral, arroz de grano largo, quinua y cebada.
- Pasta (de trigo integral o refinado), como fideos cabello de ángel, de corbatita, cuscús (couscous), fideos de huevo, pasta para lasaña, tallarines y fideos con espinaca.
- *Pretzels*, galletas integrales saladas, palitos de pan, cereales secos para el desayuno y granola.
- Cereales calientes, como por ejemplo avena (de cocción rápida y en hojuelas) y crema de trigo.
- Harina de trigo, harina precocida de maíz, pan molido.
- Cebollas, papas, ajos.
- Tomate enlatado (enteros o en cuadraditos), salsa de tomate, pasta de tomate, salsa, salsas para pizza y para pasta, al igual que kétchup (salsa cátsup).
- Frutas enlatadas en jugo como por ejemplo, piña, peras, mandarinas y melocotones (duraznos).
- Chiles chipotle en salsa de adobo.
- Chiles jalapeños enlatados o envasados en frascos.
- Pimientos rojos asados.
- Puré de manzana (sin azúcar).
- Frutas secas como por ejemplo, pasas, arándanos, albaricoques, ciruelas y moras.
- Caldos bajos en sodio.
- Carnes enlatadas como por ejemplo, atún, salmón y pollo, conservados en agua.
- Mantequilla de maní o crema de cacahuate (100% natural o del tipo común).
- Nueces como por ejemplo, almendras (enteras y fileteadas), nueces de Castilla, semillas de girasol y piñones.
- Leche evaporada (baja en grasa).
- Vinagre rojo, vinagre blanco, vinagre de arroz.
- Aceites, incluyendo aceite de oliva, aceita de canola y un rociador de aceite.
- Endulzantes naturales como por ejemplo, miel de abejas, néctar de agave y azúcar morena.
- Especias como por ejemplo, comino, chile en polvo, pimienta de Cayena, albahaca y orégano seco, pasta de achiote, pimienta con limón, ajo en polvo, sal kosher, pimienta blanca, yerba buena y menta seca.

En el refrigerador

- Frutas y vegetales de temporada.
- Leche y suero de leche ("buttermilk") bajos en grasa o leche sin lactosa.
- Yogur griego y yogur sin grasa o bajo en grasa (sin azúcar).
- Quesos regulares o bajos en grasa como por ejemplo, cheddar, mozzarella, feta, Monterrey Jack, parmesano, ricotta, requesón, queso fresco y Oaxaca.
- Crema agria, queso crema y crema mexicana, bajas en grasa.
- Tortillas de maíz o de harina de trigo integral.
- Huevos.
- Ajo triturado.
- Salsas: salsa inglesa Worcestershire, salsa de soya baja en sodio y salsa picante.
- Aderezos para ensaladas y condimentos, mostaza Dijon.
- Jugos de frutas y vegetales 100% natural.
- Hummus.

En el congelador

- Vegetales, frutas y concentrados de jugos enlatados (100% natural) congelados.
- Cebollas picadas y pimientos verdes picados congelados.
- Panes como por ejemplo, panes integrales, panecillos, muffins, bagels y pan pita.
- Carnes bajas en grasa como por ejemplo, pechugas de pollo, pechugas de pavo molidas y carne molida extra magra.
- Pescados y mariscos como por ejemplo, salmón, lenguado, tilapia, pargo, camarones y escalopes o conchas de vieira.

el ABC de la transformación de recetas: tres pasos para hacer comidas más saludables

Si la comida no tiene buen sabor, nadie la va querer comer. Es así de sencillo. Afortunadamente, hay muchas maneras de reducir las calorías no deseadas sin tener que sacrificar el sabor. También es fácil añadir más nutrientes agregando más frutas, vegetales y cereales integrales. Siga los siguientes consejos prácticos para lograr que sus propias recetas tengan un sabor excelente con menos calorías.

Paso 1: Aumente la cantidad de vegetales, frutas y cereales integrales.

- Comience el día haciendo licuados de fruta para toda la familia.
- En lugar de azúcar, agregue a su cereal frutas frescas o secas, como por ejemplo banana (plátano, guineo) en rodajas, moras o pasas.
- Coma una ensalada al día.
- En lugar de aderezos que tienen muchas calorías, agregue frutas frescas o secas, como por ejemplo manzanas picadas, pasas, ciruelas, kiwi o gajos de naranja, a sus ensaladas de lechuga.
- Agregue frutas secas o vegetales congelados, por ejemplo guisantes (arvejas, chícharos) y zanahorias, a los platos preparados a base de arroz, quinua u otro cereal.
- Añada zanahorias picadas, brócoli o una mezcla de sus vegetales favoritos a las sopas, ensaladas y estofados.
- Agregue sus frijoles enlatados favoritos a las sopas, los guisos y las ensaladas. Sin embargo, escurra los frijoles y lávelos con agua para reducir su contenido de sodio.
- Sustituya con harina de trigo integral hasta la mitad (o más) de la harina blanca que indique la receta.
- Agregue ¼ de taza de salvado o avena instantánea a los pasteles de carne y estofados.
- Prepare panecillos o "muffins" usando harina de avena, salvado o harina de trigo integral.
- Use harina precocida de maíz integral cuando haga pan de maíz.

Paso 2: Reduzca la cantidad de calorías.

La mejor manera de reducir calorías es reducir las grasas y el azúcar. Trate de poner en práctica estos consejos:

- En lugar de freír, trate de hornear, asar en el horno o a la plancha, o sofreír usando un rociador de aceite o una cantidad pequeña de aceite.
- Use leche evaporada (descremada o entera) o crema agria en lugar de añadir crema de leche espesa a sus salsas y sopas.

- Use puré de papas cocidas, cebolla y apio en lugar de leche descremada o mitad leche mitad crema ("half and half") como base cremosa para sus sopas.
- Use queso bajo en grasa siempre que pueda: queso requesón (cottage) bajo en grasa, Neufchâtel (en lugar de queso crema), queso mozzarella parcialmente descremado y queso cheddar bajo en grasa.
- No fría las tortillas en aceite. Caliente las tortillas en una sartén sin aceite, el horno microondas o incluso en la estufa.
- Para que los frijoles refritos tengan un buen sabor, use como base un sofrito bien sazonado en lugar de manteca de cerdo.
- Para los productos horneados, reduzca ¼ la cantidad de grasa (si la receta indica 1 taza de aceite, use ¾ de taza). También puede reducir ¼ la cantidad de azúcar.
- Si hace panes dulces, como por ejemplo pan de plátano (banana, guineo), pan de calabacín ("zucchini" o zapallito italiano) o cualquier otro pan dulce, sustituya la mitad del aceite con una cantidad igual de puré de manzana, banana triturada (puré de plátano o guineo) o incluso calabaza enlatada.
- Si la receta lleva nueces, use la mitad de la cantidad y tuéstelas (enteras, no picadas); de esta manera hará que su sabor sea más intenso y su plato tendrá menos calorías.
- Sustituya la mitad de los huevos por claras, utilizando dos claras por cada huevo entero (si la receta lleva dos huevos, use un huevo entero y dos claras).

Paso 3: Reduzca las carnes altas en grasa.

- Use cortes de carne que sean más magros: estos cortes tienen nombres compuestos con palabras tales como "magro" ("lean"), "lomo" ("loin") y "redondo" ("round").
- Use pechuga de pavo molida en lugar de carne de res molida.
- Recorte toda la grasa visible antes de cocinar la carne.
- Retire la piel de las aves y añada las especias directamente sobre la carne. Deje la piel sólo cuando vaya a cocinar aves a la parrilla, para que no queden secas.

guías de la sociedad americana contra el cáncer sobre nutrición y actividad física para la prevención del cáncer

Logre y mantenga un peso saludable durante toda su vida.

- Manténgase lo más delgado posible durante toda su vida, sin llegar tampoco a pesar menos de lo que le corresponde para estar sano.
- Evite el sobrepeso a cualquier edad. Para las personas que actualmente tienen sobrepeso o son obesas, perder aunque sea un poco de peso es beneficioso para su salud y un buen comienzo.
- Practique una actividad física con regularidad y limite el consumo de alimentos y bebidas altos en calorías como estrategias clave para mantener un peso saludable.

Adopte un estilo de vida físicamente activo.

- Los adultos deben dedicar por lo menos 150 minutos a la semana a una actividad física de intensidad moderada o 75 minutos si la intensidad es vigorosa, o una combinación de ambas, preferiblemente repartidos a lo largo de la semana.
- Los niños y adolescentes deben dedicar por lo menos 1 hora diaria a una actividad física de intensidad moderada o vigorosa y deben practicar una actividad física de intensidad vigorosa por lo menos tres veces a la semana.
- Limite los hábitos sedentarios tales como estar sentado, estar acostado, ver televisión y otras formas de entretenimiento frente a una pantalla.
- Practicar alguna actividad física además de las actividades normales, independientemente de cuál sea su intensidad, puede aportarle muchos beneficios para su salud.

Consuma una dieta saludable, con énfasis en alimentos de origen vegetal.

- Elija alimentos y bebidas en cantidades que le ayuden a alcanzar y mantener un peso saludable.
- Limite el consumo de carnes procesadas y carnes rojas.
- Coma un mínimo de 2½ tazas de vegetales y frutas todos los días.
- Elija productos a base de cereales integrales en lugar de productos hechos con cereales refinados.

Si toma bebidas alcohólicas, limite su consumo.

- No beba más de una bebida al día, si es mujer; o dos si es hombre.

Fuente de información: Kushi, L.H., Doyle, C., McCullough, M., Rock, C.L., Demark-Wahnefried, W., Bandera, E.V., Gapstur, S., Patel, A., Andrews, K., Gansler, T., and The American Cancer Society 2010 Nutrition and Physical Activity Guidelines Advisory Committee (2012), pautas sobre nutrición y actividad física para la prevención de cáncer de la American Cancer Society. *CA: A Cancer Journal for Clinicians*, 62: 30-67.

índice

sobre los autores

Maya León-Meis perfeccionó sus habilidades culinarias bajo la guía de su madre en Perú, su país de origen. Maya es sobreviviente de cáncer de mama (también referido como cáncer de seno o cáncer mamario) dos veces y aprendió por experiencia propia la importancia que tiene una buena nutrición durante el tratamiento contra el cáncer. Tras su segundo diagnóstico de cáncer y después de haber tomado conciencia sobre la enorme necesidad que tiene la comunidad latina de información sobre la salud, se sintió inspirada para crear un programa de televisión titulado *Los Secretos de Maya*, para poder llevar información a la comunidad latina. Entre los años 2006 y 2010, Maya presentó los programas educativos de televisión *Maya's Secrets y Los Secretos de Maya*, que le permitieron colaborar con Martín Limas-Villers y Malena Perdomo. En estos programas se combinaba la cocina y el baile para fomentar la buena nutrición y hábitos saludables de vida. En 2011, los productores del programa de televisión crearon una versión renovada de *Los Secretos de Maya* con el fin de atraer a más teleaudiencia y seguir promocionando alimentación saludable. El programa es transmitido por Telemundo-Denver, e incluye segmentos sobre cocina, decisiones de nutrición saludables y actividad física. El programa puede verse también en youtube.com/lossecretosdemaya11. Maya vive en Denver con su esposo Tom. Tienen dos hijos: Josh y Chris.

Malena Perdomo, MS, RD, CDE es oriunda de Panamá. Como nutricionista registrada y educadora certificada en diabetes, su pasión es enseñar a la comunidad latina la importancia de una buena alimentación para prevenir la diabetes y la obesidad infantil. El trabajo de Malena incluye asesorar a familias y grupos sobre los cambios que deben hacer en su estilo de vida y la prevención de enfermedades, diseñar materiales educativos orientados a personas de origen latino y elaborar materiales audiovisuales sobre nutrición y diabetes. Es profesora de nutrición en Metropolitan State University of Denver (Universidad Estatal Metropolitana de Denver) y desempeñó como vocera especialista en nutrición latina de la Academia de Nutrición y Dietética desde 2005 hasta 2011. LiveWell Colorado la eligió como *"Nutricionista de LiveWell Colorado"* por su labor en los medios de comunicación en español, como educadora en temas de nutrición. Actualmente, colabora con Maya León-Meis en el programa semanal de televisión *Los Secretos de Maya*. Malena vive en Denver con su esposo Bill y sus dos hijos, Alexander y Max. Puede seguir a Malena en malenanutricion.com.

Martín Limas-Villers es chef, autor y personaje mediático de origen mexicano. Se graduó de la Escuela Universitaria de Hotelería y Turismo de Sant Pol de Mar en Barcelona, donde obtuvo un título en Gastronomía. Martín combina técnicas europeas con ingredientes exóticos mexicanos para crear una experiencia culinaria única. Después de trabajar como chef en el Hotel Las Dunas, un resort de lujo en la costa española, Martín se mudó a Denver para hacerse cargo de *La Cocina de Martín*, un programa diario de radio que con el tiempo se convirtió en uno de los más populares entre las comunidades latinas de Denver y Phoenix. Asimismo, ha aparecido en programas de televisión y escribe con regularidad para el *Denver Post*. Martín reparte su tiempo entre Denver y México, donde recientemente cumplió su sueño de abrir XiXim (que en el idioma maya significa "un nuevo comienzo"), un restaurante con una visión exclusiva e innovadora de las raíces de la cocina mexicana.

Otros libros publicados por la Sociedad Americana Contra El Cáncer

Disponibles en todos los lugares donde se venden libros y a través de Internet en **cancer.org/bookstore**

Libros disponibles en inglés para quienes se preocupan por su salud

American Cancer Society's Healthy Eating Cookbook, Third Edition (Libro de cocina de la Sociedad Americana Contra El Cáncer para una alimentación sana), tercera edición

Celebrate! Healthy Entertaining for Any Occasion (¡A celebrar! Entretenimiento sano para todas las ocasiones)

The Great American Eat-Right Cookbook (El gran recetario americano para comer correctamente)

Kicking Butts: Quit Smoking and Take Charge of Your Health, Second Edition (Adiós al cigarro: deje de fumar y tome el control de su salud), segunda edición

Libros para niños

Healthy Me: A Read-Along Coloring & Activity Book (Mi salud: libro de lectura con actividades e ilustraciones para colorear)

Kids' First Cookbook: Delicious-Nutritious Treats to Make Yourself! (Primer libro de cocina para niños: ¡deliciosos y nutritivos dulces que puedes prepararte tú mismo!)

The Long and the Short of It: A Tale About Hair (Largo y corto: un cuento sobre el cabello)

No Thanks, but I'd Love to Dance: Choosing to Live Smoke Free (No gracias, pero me gustaría bailar: escoge vivir sin humos)

Si busca libros de la Sociedad Americana Contra El Cáncer sobre el cáncer y cómo apoyar a quienes padecen esta enfermedad, visite **cancer.org/bookstore**.